CÓMO COMENZAR TU MINISTERIO CON PASOS FIRMES

germán **ortiz** & paolo **lacota**

e625.com

CÓMO COMENZAR TU MINISTERIO CON PASOS FIRMES
e625 - 2018
Dallas, Texas

Todas las citas Bíblicas son de la Nueva Traducción Viviente (NTV) a menos que se indique lo contrario.

Editado por: **Virginia Altare**
Diseño interior y adaptación de portada: **JuanShimabukuroDesign**

ISBN: 978-1-946707-10-9

IMPRESO EN ESTADOS UNIDOS

CONTENIDO

PRÓLOGO DE LUCAS LEYS

Liderar es un arte y el ministerio cristiano no es un ámbito dónde aplican exactamente las mismas reglas y protocolos de liderazgo que en otras geografías humanas y por esa razón es tan importante comenzar de la mejor manera posible.

Comenzar bien no es garantía de terminar bien, pero aumenta exponencialmente tus posibilidades de hacerlo.

Muchas investigaciones y estudios estadísticos reflejan la importancia de los primeros años de una persona en el liderazgo. Esos primeros años son formativos de carácter y tienen el peligroso potencial de quemar a muchos y la razón es que son muchos los que llegan al ministerio con expectativas infantiles.

Demasiados líderes primerizos creen que el liderazgo solo tiene que ver con pararse al frente, manejar un micrófono y dar órdenes. *¿Qué puede ser tan difícil de hacer eso?* Piensan los más osados. Otros, por el contrario, arrancan llenos de temores y esos temores les empujan a pretender agradar a todos y ser hipersensibles a las reacciones de otros.

Demasiados líderes crstianos se dejan sobornar por las críticas al igual que los elogios en vez de actuar centrados en principios eternos de la revelación bíblica para guiar sus decisiones y por esa razón es tan importante que leas este libro.

Doy muchas gracias a Germán y Paolo por escribir un material tan necesario. Ambos autores son líderes que admiro y jugadores de equipo que han sabido resistir los embates y las seducciones del liderazgo con una actitud firme, una visión osada y pasos concretos que han potenciado el liderazgo de otros. Yo personalmente creo que el mundo hispano ya está cansado de showmans unipersonales tratando de ganar fama a toda costa para crear imperios sostenidos únicamente en sus carismas. Hoy necesitamos líderes formadores de líderes. Verdaderos siervos que entiendan el liderazgo de la perspectiva del servicio y su naturaleza multiplicadora. Líderes que no estén dispuestos a vender su fidelidad por platos de aplausos, sino que tengan en claro por qué toman las decisiones que toman.

Ánimo al leer estas páginas. Mastícalas con cuidado y medita en sus ideas con paciencia. El equipo (La iglesia de Cristo) te necesita y tu papel es indispensable para que muchas personas sean tocadas, afectadas y equipadas por un ministerio sano.

Dr. Lucas Leys
Autor y fundador de e625.com

EL PUNTO DE PARTIDA

LA AVENTURA DE LIDERAR

Hay un mensaje milenario que ha guiado los pasos de los seguidores de Jesús: «...vayan y hagan discípulos en todas las naciones». (Mateo 28:19). La gran aventura tiene su primer paso con este versículo como guía. Es este destino trazado lo que atrae e inspira al equipo a alistarse para servir a la causa divina.

«Vayan...» implica moverse, romper con la inercia, tomar un riesgo y emprender una aventura única en la vida. Pero esos primeros pasos en el camino no siempre son claros o fáciles. Necesitamos orientación para saber cómo empezar. Después de todo, cuando Jesús lanzó el desafío de «*Síganme*» a los primeros discípulos, los equipó durante tres años para que éstos hicieran discípulos, que a su vez hicieran otros discípulos, que a su vez formaran a más discípulos, para que se multiplicaran en otros y así... hasta llegar a los confines de la tierra (Hechos 1:8).

Este libro busca brindarte una guía sobre cómo iniciar tu ministerio, cómo conformar un equipo y cómo mantenerlo en constante crecimiento. Su modelo no es perfecto, sino que es perfectible, capaz de ser perfeccionado. Desde la experiencia que hemos acumulado, y en el marco de una amistad que nuestro Señor y el ministerio con las nuevas generaciones han forjado, queremos dejar un arquetipo, un punto de partida, un grupo de notas y apuntes de viaje sobre los cuales te puedas basar.

SI NO ACCIONAMOS, MUCHOS NIÑOS, ADOLESCENTES Y JÓVENES PASARÁN SUS MEJORES AÑOS A LA DERIVA

Algo sí podemos afirmar con seguridad: Jesús fundamentó su ministerio en el desarrollo de su equipo. Según los estudiosos, el ochenta por ciento de su tiempo Jesús lo compartió con sus discípulos, y el veinte por ciento restante, con las multitudes. Él entendía la importancia de formar y establecer un equipo de trabajo. Gran parte de su energía fue orientada hacia ese aspecto de su misión.

Años después, un murmullo recorría cada puerto del Mediterráneo: *«... Estos que trastornan el mundo entero también han venido acá». (Hechos 17:6 RVR95)*. El comentario fluía por templos paganos, mercados, tabernas, casas y sinagogas. Los seguidores de Jesús, los protagonistas de la Iglesia primitiva, sacudían el mundo conocido con sus desembarcos en cada ciudad de Europa, Asia y la costa norte de África. Hechos de los Apóstoles deja registro de la travesía de éstos que portaban un mensaje que causó revuelo... y lo sigue haciendo.

Este reducido grupo de cristianos de la Iglesia primitiva logró impactar al mundo entero sin televisión, sin radio, sin imprentas, sin revistas, ni diarios, ni Internet. El mensaje que propagaban, respaldado por el estilo de vida que llevaban, fue incontenible. Recorrió continentes, casas, escandalizó gobiernos y sorprendió a eruditos. Atestigua Hechos 4:20 lo que sería el lema de aquella generación de cristianos: *«No podemos dejar de hablar de las maravillas que vimos y que escuchamos»*. El mensaje de Dios ardía en sus corazones.

Hay una realidad que sigue vigente desde entonces: si no accionamos, muchos niños y niñas, preadolescentes, adolescentes y jóvenes pasarán sus mejores años a la deriva sin tener quién les guíe a los planes de Dios para sus vidas. *«Pongan en práctica la palabra y no se limiten a solo escucharla...»*, nos exhorta Santiago 1:22. El panorama actual de nuestro entorno puede que no nos guste, pero es posible cambiarlo.

Por eso estamos insatisfechos. Por eso preparamos proyectos. Por eso soñamos. Por eso nos juntamos. Por eso corremos con paciencia la carrera que tenemos por delante (Hebreros 12:1). Porque los que sólo se quejan y andan aislados nunca cambian nada; sólo los que sueñan y accionan, los insatisfechos y los audaces «trastornan el mundo» y cambian las cosas para bien. Tu liderazgo puede provocar que esta nueva generación viva una experiencia única como discípulos de Jesús.

Además, tenemos que decirlo, lo que más nos entusiasma es que cuando Jesús reunió a su equipo, eligió a personas a las que nosotros dudaríamos mucho en delegarles la misión de continuar la tarea. Hombres comunes, sencillos, sin grandes cualidades, quienes incluso estando en el tramo final del ministerio de Jesús, cuando tenían que estar despiertos se durmieron, cuando tenían que estar al lado de Él lo abandonaron, cuando tenían que demostrar que conocían a Jesús, lo negaron; pero aun así Jesús depositó en ellos toda su confianza y los ayudó a cambiar. Y así, con el correr de los años, ellos fueron paso a paso, persona a persona llevando las buenas nuevas de Jesús y al final de sus días la mayoría de ellos murió expandiendo el evangelio. ¡De qué maravillosa manera Jesús nos enseña lo que es ser y hacer discípulos!

Si nos identificamos con la historia de estos primeros seguidores, ¡entonces tenemos esperanza! Si cuentas con personas con cualidades similares en tu entorno, entonces tienes todo lo que se necesita para iniciar la carrera y llegar a destino con el mejor equipo que jamás hayas imaginado.

Desde el camino que hemos recorrido, involucrándonos en el ministerio de liderar a las nuevas generaciones, enfrentando distintas adversidades y escabrosos tramos en el camino, observando la bondad de nuestro Dios que nos permite asociarnos a su causa, desde allí es que te invitamos a conversar en algún parador al costado del camino, con la vista en el horizonte, junto a la senda que nos marca el trayecto hacia un futuro lleno de oportunidades divinas desafiándonos la mirada.

Luego de haber compartido con cientos de líderes de las nuevas generaciones y sus equipos a lo largo y a lo ancho del continente, creemos firmemente que debemos ser creativos, innovadores y determinados. Es nuestra oración que en cada capítulo de este libro puedas encontrar herramientas que te permitan afinar, moldear y construir un equipo de liderazgo junto al que vas a vivir la travesía más conmovedora de tu vida.

Estamos convencidos de que tu influencia afectará no sólo el presente, sino que viajará en el tiempo y repercutirá en el futuro de generaciones. Recordemos que a través de la enseñanza estamos enviando un mensaje a un futuro que tal vez no vamos a ver, pero que vamos a afectar positivamente con principios sólidos en la formación de los jóvenes de hoy, los padres del mañana.

Por eso es un desafío invaluable que puedas dar tus primeros pasos en el ministerio y formar un equipo debidamente entrenado que acampe en medio de las nuevas generaciones, amándolos, aceptándolos y desafiándolos, así como Jesús lo hizo en la tierra.

Dios es el más interesado en equipar y potenciar nuestros ministerios para que alcancemos y discipulemos a las nuevas generaciones con eficacia. ¿Pero cómo llegaremos a ellas? ¿Cómo las vamos a acompañar? ¿Cómo las vamos a pastorear?

El punto de partida es reconociendo que la tarea es grande y que una sola persona no puede hacer todo. Que no basta con ponerle buena onda y muchas ganas. Eso suena bien, pero no va más allá de ser una simple expresión de deseo, solo con eso no alcanza.

Debemos superar los impedimentos y barreras que nos imposibilitan ver un mejor horizonte y cambiar nuestras realidades ministeriales: es casi imposible pretender ser relevantes con programas desfasados, líderes desmotivados y sin un plan que permita solventar y proyectar mejoras dentro de nuestros ministerios.

En algún momento Jesús se juntó con sus discípulos y les dijo: «*... La cosecha es mucha y son muy pocos los obreros. Por eso, pídanle al Señor de la cosecha que mande obreros a su campo*». *(Lucas 2:10)*. Esa oración se hizo hace mucho tiempo. ¿Sabías que muchos de nosotros somos la respuesta a la oración que hicieron los discípulos hace miles de años? Los que estamos involucrados, somos una respuesta para esa oración.

El desafío es ineludible. Este escrito es para ti, que quieres iniciar tu ministerio y conformar un gran equipo que se sume al reto de cumplir con lo que Dios nos llamó a hacer entre las nuevas generaciones.

¡Demos el primer paso!
Con afecto especial,

Paolo Lacota y Germán Ortiz

MIS PASOS A SEGUIR

EL PRIMER PASO

paolo**lacota**

CÓMO EMPEZAR BIEN

¿CÓMO OBTENGO LA VISIÓN?

«No te muevas... hasta que no lo veas», fue el consejo que su mentor le dio a Bobby Fischer cuando éste iba a enfrentar a su archirrival en ajedrez. ¡Y vaya lección que le dio! La historia recordará a Bobby como un adolescente prodigio en ajedrez, campeón mundial y protagonista del «match del siglo».

El ajedrez requiere de una cierta anticipación de lo que va a acontecer, de una «visión de juego». Cuántas veces sacamos precipitadamente al peón, al alfil, al caballo, a la torre, incluso al Rey y a la Reina... y perdemos la partida. La vida es similar. Cometeremos numerosas equivocaciones si no vemos *antes* la estrategia ganadora que Dios planea.

Hay una famosa frase que dice que hay que vivir la vida por fe. Pero esto no quiere decir que estás exento de trazarte metas y esforzarte por alcanzarlas. De hecho, creo que esta es una mala interpretación de lo que significa vivir por fe. Revisemos nuevamente el concepto de fe que nos da la Biblia: *«Es, pues, la fe la certeza de lo que se espera, la convicción de lo que no se ve»*. (Hebreos 11.1 RVR95).

La certeza de lo que se espera implica saber con seguridad qué es lo que aguardas que pase de aquí a seis meses, a un año, a cinco años y a diez años.

Aunque Abraham salió sin saber a dónde iba, ni tenía un mapa del camino a recorrer o un cuadro completo de lo que Dios quería hacer, sabía con quién iba y a quién estaba obedeciendo. Génesis 12:1 registra la instrucción de Dios: *«... Deja tu tierra, tus familiares y la casa de tu padre, y vete a la región* ***que te voy a mostrar****»*. [Énfasis del autor]. Sí, Abraham supo —antes de su concreción— las piezas que Dios movería. Vio un adelanto de que su descendencia sería incontable como la arena del mar y como las estrellas del cielo. Dios le hizo un guiño y Abraham sabía cómo terminaría la historia.

¿Cómo discernir qué piezas mover, qué decisiones tomar, qué acciones emprender? ¡Tengo que descubrirlo! Tengo que tomarme el tiempo para indagar, investigar y reflexionar, sobre cuál será la visión antes de iniciar la travesía. Sí, Dios tiene planes y directrices para mi vida y la tuya y si lo buscamos... ¡obtendremos respuestas!

«¡Voy a hacer algo nuevo! Ya está sucediendo, ¿no se dan cuenta? Estoy abriendo un camino en el desierto, y ríos en lugares desolados», dice en Isaías 43:19 NVI. Lo llamativo en este versículo es que se mezclan dos tiempos verbales (el futuro y el presente). Primero Dios nos dice que hará algo en el futuro y al mismo tiempo pregunta si ya lo estamos viendo. Aparentemente confuso, pero la clave reside en que tenemos que verlo por los ojos de la fe, como una realidad.

Esa revelación de «movimientos divinos» es diaria, semanal, anual, a veces de toda una vida. Sólo que en ocasiones nos desenchufamos de ella porque vivimos absorbidos por la rutina, las listas de tareas, las presiones y la impaciencia. Así que movemos las piezas del tablero por inercia, cansancio, desconfianza o apuro.

A medida que nos sumerjamos más y más en las Sagradas -y apasionantes- Escrituras y en la oración sincera, el Espíritu Santo nos mostrará más nítidamente qué pasos dar. Pero se discierne en la quietud, en la búsqueda voluntaria y apasionada.

Proverbios 20:5 NBLH dice: *«Como aguas profundas es el consejo en el corazón del hombre, y el hombre de entendimiento lo sacará»*. Dicho en otras palabras, el hombre de entendimiento descubrirá la visión que lleva adentro y la desarrollará hasta hacerla realidad.

Sobre el punto de descubrir la visión de nuestras vidas y su importancia no solo personal sino también en aquellos que nos rodean, John C. Maxwell dice lo siguiente:

Para un líder, la visión es todo. Absolutamente indispensable. ¿Por qué? Porque es la visión la que lo guía. Es ella la que marca la meta. Enciende y alimenta el fuego dentro de él, y lo lleva hacia delante. También es el encendedor para otros que siguen a ese líder. Muéstrame un líder sin visión, y te mostraré alguien que no va a ningún lugar. En el mejor de los casos, viaja en círculos. [1]

Para obtener y desarrollar la visión y entender cómo ésta forma parte de la vida de un buen líder, considera estos puntos:

1. La visión comienza adentro.
2. La visión proviene de tu historia.
3. La visión enfrenta las necesidades de otros.
4. La visión ayuda a conseguir recursos.

---

1 John C. Maxwell. *Las 21 cualidades indispensables de un líder.* Grupo Nelson. Nashville, TN. 2007 (p. 141)

Uno de los más valiosos beneficios de la visión es que actúa como un imán; atrae, reta y une a la gente. Ahora bien, aunque podamos ir desarrollando una idea clara de lo que queremos lograr, o hayamos descubierto la visión para nuestras vidas, esto no nos exonera de dudas, temores y errores: igualmente vamos a tener que tomar decisiones condicionantes, asumir riesgos y comenzar a avanzar en el camino aun medio de la oscuridad de la incertidumbre.

Refiriéndose a un punto crucial en su vida el autor Mark Batterson escribe:

LO ÚNICO QUE SE INTERPONE ENTRE NOSOTROS Y NUESTRO DESTINO SON PEQUEÑOS ACTOS DE VALENTÍA

Cuando miro mi vida en perspectiva, puedo notar que las cosas buenas que me sucedieron, fueron consecuencias de unos cuantos riesgos calculados que me tocó tomar. En su momento, cada paso me dio temor e incertidumbr, pero hoy no me imagino qué habría sido mi vida de no haber asumido esos riesgos.

Estoy convencido que lo único que se interpone entre nosotros y nuestro destino son pequeños actos de valentía.

Es realmente triste cuando por no correr un riesgo, perdemos para siempre una pieza del rompecabezas de nuestra vida. Eso deja un agujero permanente en nuestro destino y al final de la vida, lamentarás las piezas que te faltan.[2]

Asumir riesgos siempre tendrá que ser parte de nuestro presupuesto de vida y ministerio. Tal vez solo tengas una palabra de Dios, tal vez solo una convicción profunda en tu

---

2 Wild Goose Chase. Mark Batterson. Crown Publishing.

interior que no la sabes explicar, pero sabes que lo tienes que hacer y que forma parte de tu propósito. Entonces llega un momento en que es hora de moverte hacia tu destino.

Recuerda: asumir riesgos es parte de la ecuación. Cuando decides qué carrera universitaria escogerás, asumes un riesgo. Son años de estudio que muchas veces no sabemos cómo los solventaremos, pero tomamos la decisión de matricularnos y confiamos en que las demás situaciones se ordenarán por el camino.

Cuando aceptas un trabajo, asumes el riesgo de involucrarte en el desafío de realizar la tarea asignada, y aunque no tienes la certeza de que realmente todo te irá bien, lo haces creyendo en que es una oportunidad que no puedes dejar pasar.

Asumes riesgos cuando le declaras tu amor a esa persona tan importante en tu vida y, **más aún**, cuando le propones matrimonio y te lanzas a la aventura de construir una vida juntos. Te expones a que te hagan daño y/o te digan que no, pero, ¿imaginas una vida sin amar o ser amado?

Casi sin darte cuentas estás asumiendo un sinfín de riesgos que, aunque en el momento traigan temor y generen momentos de incertidumbre, tarde o temprano se convierten en descubrimientos de la bondad y provisión de Dios.

Es igual cuando tomamos la decisión de servir a Dios con nuestras vidas: tomamos desafíos gigantes de fe que forman parte de un proceso que con el tiempo nos enseñan que Dios siempre va adelante y que nunca pierde el control de nada, aunque muchas veces nos sentimos perdidos en el camino.

Por eso es fundamental buscar las coordenadas de Dios antes de iniciar la aventura de fe, para que una vez en el trayecto podamos enfrentar los riesgos, confiando en que, si nos mantenemos fieles al mapa de ruta, llegaremos.

¿BASTA UN IMPULSO EMOCIONAL?

A veces pasa. Asistimos a una conferencia. Observamos lo que otros líderes están realizando. Alguien nos dice que podemos iniciar algún emprendimiento específico, nos emocionamos y sin tomarnos el tiempo de analizar, ponerlo en oración o buscar consejos, en un impulso empezamos a hacerlo. Sin siquiera trazar un plan nos ponemos en marcha y luego de que el furor pasa, nos empezamos a desanimar.

Lo he visto una y otra vez. Es innumerable la cantidad de veces en las que jóvenes o líderes de jóvenes en capacitaciones en diversos países a los que tuve oportunidad de visitar, me dicen que tienen un llamado a iniciar un ministerio totalmente «diferente» a lo que se viene haciendo. Pero cuando les pregunto cómo recibieron el llamado y cuál es la visión que tendrá dicho ministerio, se quedan sin palabras y se hace evidente que realmente no tienen claro qué es lo que quieren emprender y mucho menos cómo iniciar tal ministerio. De ahí la importancia de comenzar hablando de la visión que inspirará la travesía.

Es increíble la cantidad de gente que sólo inicia un ministerio por un impulso emocional, o porque lo vieron en algún lado, o porque había que hacer algo. Luego, a lo largo del camino, siguen involucrándose en otras cosas, determinan su rumbo acorde a las tendencias y terminan haciendo de todo un poco, y poco de mucho.

Al transcurrir el tiempo, lógicamente, luego del desgaste innecesario y de la probabilidad de pocos resultados, llega la frustración al ver que los proyectos no prosperan. Como líder, es un gran error reunir a un grupo de gente con la idea de conformar tu equipo si no tienes claro para qué necesitas el equipo, si no sabes a qué quieres llegar y mucho menos si no tienes idea de cómo lo vas a hacer. Las reuniones de lluvias de ideas en realidad sólo deberían enriquecer algo que tú ya viste con anticipación, y que te tomaste el tiempo de programar y plasmar, es decir: la visión de tu ministerio.

Quiero hacer un paréntesis aquí, y mencionar lo siguiente: si tu caso es que eres líder de grupo pequeño, célula, barca, racimo, o grupo de discipulado (los nombres pueden cambiar según la iglesia, denominación o país), y tu iglesia local ya posee una visión y misión, y las tienen bien establecidas, lo que tienes que hacer es alinear tu vida, planes y esfuerzos a dicha visión. Por lo tanto, asegúrate de conocerla muy bien y proponte disfrutar el camino de trabajar en una visión corporativa que te da la oportunidad de usar tus dones y capacidades para bendecir a aquellos a los que tienes la bendición de discipular, y guiarlos en ese proceso que la Iglesia y tus pastores principales ya han establecido. ¡Y la excelente noticia es que en los siguientes capítulos encontrarás ideas, historias y herramientas que te ayudarán a ser aún más eficaz en el trabajo que estas realizando en el ministerio! Así que sigamos avanzando.

Ahora bien, si estás tratando de iniciar un nuevo ministerio, y lo tienes que hacer desde el principio, debes empezar por establecer el destino y cuáles serán los pasos a dar, para llegar a lo que estas proponiéndote. ¿Estás pensando en un ministerio de adolescentes o jóvenes en tu iglesia? ¿O tal vez en una organización de acción social, un grupo de alabanza, un elenco teatral, o un ministerio en tu universidad? Sea cual fuere el ámbito en el que quieres aportar, tienes que tener bien determinado el destino y la forma como llegarás. De esta manera, tu trabajo irá fortaleciéndose con el tiempo y no desgastándose.

Hace más de una década atrás, iniciamos con Especialidades Juveniles (hoy e625), la Cumbre Nacional de Líderes Juveniles. Fue un desafío que Dios puso en nuestros corazones como estrategia de capacitación y actualización para líderes.

Era un gran sueño y requería de un gran equipo. Desde el inicio tuvimos en claro dónde Dios quería que nos involucráramos. Gracias a la determinación y el enfoque en esa visión, hoy podemos contar con alegría que ya realizamos más de doce ediciones sin interrupciones, con más de veinticinco mil líderes entrenados, brindando recursos y entrenamiento con el sello que siempre caracterizó al equipo, que es la excelencia en cada detalle. Hoy, con e625 y visión renovada, estamos más comprometidos que nunca, listos para seguir trabajando y capacitando líderes que ayudarán y bendecirán a miles de familias.

Un impulso emocional puede ayudar a ganar un partido, pero una visión sumada a la convicción de un equipo gana campeonatos.

¿CÓMO SABER SI ME ESTOY DESENFOCANDO?

Tu responsabilidad como líder es indagar en la visión de Dios para tu vida y la de los jóvenes de tu grupo. No te muevas hasta que no lo veas. Cuando tienes claro el propósito de tu vida y de tu ministerio puedes ordenar tus prioridades, motivaciones y vivir una vida enfocada e intencionada.

Max Lucado acerca de este tema puntualiza: *«Debemos vivir una vida intencionada, no una vida de reacción»*. Y relata la historia de un administrador del faro:

El cuidador de un faro que trabajaba en una costa rocosa recibía aceite una vez al mes para mantener ***su llama ardiendo****. Como vivía cerca de la población, no le faltaban visitantes. Una noche una mujer necesitaba aceite para mantener a su familia caliente. Otra noche un padre necesitaba aceite para su lámpara. Otro necesitó aceite para lubricar una rueda. Todas las peticiones parecían legítimas y el cuidador trataba de suplirlas. Hacia el fin del mes se le acabó el aceite y el faro de apagó,* *lo que causó que muchas naves se estrellaran en esa costa. El hombre recibió la reprensión se sus superiores: «Se te da aceite por una sola razón», le dijeron. «Queremos mantener el faro ardiendo».*[3]

Si no tienes claro para qué se te dio el petróleo, nunca sabrás qué decisiones serán las correctas. Si no sabes a dónde quieres ir, no sabrás cuál es la ruta indicada.

SI NO SABES A DÓNDE QUIERES IR, NO SABRÁS CUÁL ES LA RUTA INDICADA

Un líder que define una visión, se enfoca; ordena sus prioridades y se vuelve confiable. Sabe la dirección y por qué está yendo hacia allá. Un líder sabrá proteger el propósito de su grupo y evaluará qué necesita para el camino, cuándo decir sí y cuándo decir no, sabrá realizar ajustes y correcciones necesarias. En consecuencia, todo será más objetivo y evaluable.

Puedes tener una visión muy grande, pero solo se hará realidad si creas un nexo que te lleve de las ilusiones de tu vida hasta las pequeñas acciones que debes desarrollar para lograrlo, y ese nexo serán metas que deberás trazarte y que servirán de coordenadas en tu hoja de ruta; éstas a su vez permitirán que te des cuenta cuándo te has desviado de tu destino. Toma apunte: *«Los equipos sin metas, se convierten en un comité más».*

Mike Hyatt lo afirmaba con estas palabras: *«Si tienes visión clara, eventualmente atraerás la estrategia adecuada. Si no tienes visión clara, no habrá estrategia que te salve».* La visión siempre será un filtro que te permitirá examinar tus motivaciones, decisiones y acciones.

---

3 Max Lucado. *Como Jesús.* Editorial Betania. Nashville, TN – Miami, FL. 1999 (p. 86 - Énfasis del autor)

En el ministerio de las nuevas generaciones siempre enfrentarás este tipo de interrogantes: ¿es el número tu motivación? En algún momento nos enseñaron equivocadamente que lo más importante en un ministerio es cuántos jóvenes tienes en él, como si eso fuera lo más transcendental. Es como etiquetar la eficacia de cada ministerio según la cantidad de jóvenes que tienen. Es decir, si tienes quinientos jóvenes eres un líder altamente espiritual y Dios está contigo; si tienes cuarenta jóvenes, vas por mal camino y tienes que hacer algo, porque a sólo unas cuadras de tu iglesia hay un líder mucho más espiritual al que Dios le envía más jóvenes.

Analicemos: hay ministerios de jóvenes pequeños que cumplen el propósito de Dios en la vida de sus jóvenes y hay ministerios de jóvenes numerosos que también lo hacen. De la misma manera que pueden existir grupos de jóvenes numerosos totalmente alejados de los planes de Dios y viceversa, con un ministerio con menos jóvenes. La cantidad y los números no son los indicadores que marcan cuán eficaz es un ministerio. Pensemos en el ministerio de Jesús que empezó con solo doce discípulos comprometidos y con ellos revolucionó el mundo entero.

Es por eso que la pregunta más importante no es cuántos jóvenes tengo en mi ministerio, sino más bien es qué estoy haciendo con ellos y hacia a dónde estamos yendo.

¿De qué sirve tener miles de jóvenes si no se está haciendo un discipulado y acompañamiento debido, si no están siendo formados en convicciones que los llevarán a tomar decisiones inteligentes y acciones cruciales en sus vidas, que les forjarán un futuro con Dios?

Los ministerios que lideran a las nuevas generaciones avanzan cuando tienen claro su destino y cuando resuelven trabajar en serio para concretarlo. Si carecen de ello, dan vueltas en círculos, bordean la meta, no trascienden, creen ingenuamente estar haciendo lo que deben. Por eso pareciera que muchas veces se camina en círculo y siempre se vuelve al mismo lugar para desde ahí iniciar la misma expedición, con la misma frustración, con el mismo sesgo de fracaso y sentimiento de impotencia, de no estar avanzando hacia un objetivo.

Pregúntate: ¿cuál es el propósito principal del ministerio de nuevas generaciones? ¿Para qué existirá mi ministerio? ¿A quiénes estará enfocado? ¿Qué quiero lograr con los integrantes de mi grupo? ¿Cómo planeo lograrlo? Esas son solo algunos interrogantes que se deben responder antes de dar los primeros pasos. En el siguiente capítulo mi querido amigo Germán profundizará más en este tópico con consejos muy prácticos.

¿CÓMO SUPERO LA ETAPA VULNERABLE?

Mientras vas construyendo la visión, entras en la etapa naciente de la preparación, donde también es cuando se corre peligro. Podemos comparar este periodo con un pequeño roble. Cuando un árbol de roble tiene apenas un año, hasta un niño puede desraizarlo, pero cuando ha pasado el tiempo y se establece con firmeza, ni la fuerza de un huracán puede arrancarlo.

En esta fase la visión podría ser atacada, cuestionada o criticada por tus amigos, familiares o aquellos que están muy cerca de ti y que están al tanto de lo que pretendes alcanzar. Por eso, presta mucha atención a quién muestras el mapa del tesoro, a quiénes eliges para que suban a bordo y quiénes estarán cerca de ti en este tiempo tan trascendental para tu vida.

Lógicamente acompañan este proceso el temor y la incertidumbre respecto a los resultados o al futuro que tendría la visión. Las emociones podrían jugar una mala pasada si no reaccionamos inteligentemente a los momentos que estaremos atravesando. Y aquí es justamente donde muchos abandonan aún antes de haberlo intentado. Interrogantes como: *«¿qué pasa si las cosas no salen como espero?», «¿y si no me acompaña nadie?», «¿y si invierto mucho y no consigo apoyo?»*, seguro invadirán tu mente a la hora de arrancar con una visión.

No subestimes tu tiempo de preparación en el proceso de ir desarrollando la visión, porque, aunque normalmente es un proceso silencioso, Dios te está preparando para soportar las pruebas.

Que todo lo que debe hacerse no te resulte abrumador. Que te entusiasme. Eso mismo transmitirás a tu grupo. Hablando de esta etapa inicial, aquí viene una frase genial de Mark Twain: *«El secreto de salir adelante es empezar. El secreto de empezar es desglosar las tareas complejas y abrumadoras en tareas pequeñas y fáciles de manejar, y luego empezar por la primera»*.

A esto John Maxwell agrega: *«La visión no sigue a los recursos, sino que sucede al contrario. Primero tenemos el sueño, luego nos toca avanzar, entonces, y solo entonces, las personas y los recursos aparecen»*.

Esta es una sucesión de escenas que se tienen que ir dando en nuestras vidas para ir plasmando la visión: primero el sueño, el avance y luego llegarán los recursos. No te desanimes. No te entregues a las críticas. Cree en el sueño y acciona. Walt Disney lo dice de esta manera: *«La forma de empezar es dejar de hablar y empezar a hacerlo»*.

¿ESTOY MIRANDO LEJOS?

Nuestra cultura nos bombardea con el «cortoplacismo». Intenta que nos enfoquemos en el «aquí y ahora», nos quita la mirada del largo plazo. Por eso debemos tener cuidado de solo estar concentrados en el programa del próximo fin de semana. Nuestra aspiración debe trascender mucho más allá y concentrarnos en el destino final.

La impaciencia y la instantaneidad no son compatibles con el ministerio de las nuevas generaciones. Sobre todo cuando se trata de transformación de vidas. Un viaje podría tardar meses o años, y si te concentras sólo en el presente, podrías sabotear la misión.

Por ejemplo, cuando te preparas para encarar un año nuevo, no puedes hacerlo pensando que todo acabará en enero, tienes que proyectarte a diciembre. Tienes que divisar cómo quieres estar a fin de año para saber los pasos que tienes que empezar a dar apenas inicia el año. ¿Alguna vez armaste un rompecabezas? Primero debes mirar la imagen en la tapa, luego armarlo pieza por pieza.

Dios mismo usó esa estrategia. Gálatas 4:4 dice que cuando llegó el cumplimiento del tiempo, Dios envió a Jesús al mundo. Dios ya había visualizado en qué momento intervendría en la historia y con qué protagonistas.

Colectiva e individualmente necesitamos una meta importante de largo plazo, valores claros y el cuadro que nos muestre cómo es vivirlos consistentemente. La visión le da significado y dirección a nuestra vida. Nos ayuda a mantener el enfoque, a activar la energía y a obtener grandes resultados.

¿ME MUEVO POR LAS RAZONES CORRECTAS?

Lógicamente la influencia a largo plazo con resultados duraderos es el fruto de relaciones significativas y modelos de conducta importantes. La visión y la misión tienen que tener su lugar en el ministerio, pero la influencia positiva a largo plazo en la vida de los jóvenes viene de personas, no de programas ni estrategias.

Un liderazgo generacional efectivo es un ministerio de relaciones, un ministerio de nuevas generaciones funciona a través de relaciones (con Dios, con nuestros líderes, con nuestros jóvenes y sus padres). No puedes tener un ministerio relacional, si no inviertes tiempo con los jóvenes y sus familias. No importa qué tan precisa sea la visión y cuán contundente sea la declaración de la misión, ni si tu programa es el más nutrido y divertido. Todo esto no serviría de mucho si no desemboca en invertir en tiempo y calidad de relaciones con nuestros jóvenes.

La clave inefable del liderazgo generacional es trabajar las relaciones significativas y trabajarlas proactivamente para generar relaciones sólidas, fuertes y sanas que profundicen en el tiempo y superen las crisis típicas que viven los adolescentes y jóvenes.

No puede existir un ministerio efectivo de nuevas generaciones sin objetivos, ni una programación inteligente si no hay metas trazadas. Pero la verdadera diferencia en la efectividad de un ministerio es que las personas son más importantes que los programas y que las prioridades no son las metas y objetivos, sino que éstas son simplemente vehículos a través de los cuales estamos cuidando a nuestros jóvenes y ayudándolos a construir relaciones con Dios, con su familia y con sus amigos.

Doug Fields plasma esta idea con las siguientes palabras: *«Los programas no desarrollan relaciones, son las personas las que lo hacen»*. Debemos recordar que estamos donde estamos y hacemos lo que hacemos por las personas, no por nosotros mismos. Y que más allá de desarrollar una visión y misión que alcancen objetivos, lo más significativo será profundizar la conexión entre Dios y las personas.

No perdamos de vista que la gran tarea que tenemos en el ministerio con las nuevas generaciones es acompañarlos a la madurez en Cristo y llevarlos a un crecimiento integral en sus vidas. Una vez que tenemos definida la visión y bien en claro la misión de nuestro ministerio, el siguiente paso es comunicarla correctamente para que la gente pueda sumarse.

¿CÓMO TRANSMITO LA VISIÓN?

Eduardo Galeano escribe en «El libro de los abrazos» que las personas podemos ser un mar de fueguitos. *«Algunos fuegos, no alumbran ni queman; pero otros arden la vida con tanta pasión que no se puede mirarlos sin parpadear, y quien se acerca se enciende»*.

Así se contagia una visión, con la vida misma. Como una llama frente a la cual uno no puede permanecer indiferente. La visión tiene que ser desafiante, significativa, creíble, tiene que producir expectativa.

La clave de la visión consiste en que ésta continúe viviendo y creciendo aun cuando tú ya no estés. Los niños y jóvenes necesitan líderes con visión, líderes que les muestren el camino, que les marquen el norte, que les enseñen las cosas que pueden hacer y también a ponerse metas a corto, mediano y largo plazo para que puedan crecer integralmente. ¡Enciéndelos!

Que este pasaje bíblico pueda ser tu inspiración: «*...hablaremos la verdad con amor y así creceremos en todo sentido hasta parecernos más y más a Cristo, quien es la cabeza de su cuerpo, que es la iglesia*». *(Efesios 4:15 NTV).*

Dan Kimball dice que predicar en la cultura actual «*...tiene que ver con nuestros corazones, matrimonios, soltería, familias, amigos, creatividad, discurso, actitudes, cuerpos, acciones, bromas, susurros, gritos, miradas, secretos, pensamientos y sí, nuestros sermones también*». En otras palabras, nuestra vida en sí es una predicación y nuestro cristianismo es transversal (atraviesa cada área).

Una vez que des los primeros pasos, continúa repitiendo la visión para evitar que tu equipo la olvide. Anótala, comunícala, recuérdala constantemente. *«El lápiz más pequeño es más fuerte que la más poderosa memoria»*, son las sabias palabras del pastor y autor Mark Batterson.

En cuanto a este punto, el Dr. Lucas Leys, en su increíble libro «Liderazgo Generacional» aclara también el concepto de cómo lograr una comunicación efectiva de la visión compartiendo algunas ideas prácticas para hacerlo:

Muchos líderes fallan porque, a pesar de que contar con una filosofía correcta de lo que se proponen, no logran que otros los acompañen con entusiasmo. Los buenos líderes saben que no sólo se trata de «conocer» los propósitos de Dios para la iglesia, sino de asegurarse de que todos los involucrados también los reconozcan y recuerden.

Algunos tenemos la tendencia a ser movilizados por lo visual, otros por lo auditivo y otros definitivamente por lo afectivo y por eso es necesario usar diversos medios para promocionar la dirección de nuestros ministerios.

Así como en las grandes empresas, al solo llegar uno se puede encontrar con una declaración que explica para qué existe esa empresa, los ministerios también pueden hacerlo. De hecho, mucho antes de que a los principales CEOs se les ocurriera hacerlo, la Biblia ya hablaba de eso en Proverbios 29:18, «Donde no hay visión el pueblo se extravía».

Nuestros ministerios también pueden escribir lo que se proponen hacer y tenerlo en un cuadro, cartel, calcomanías o señaladores para que todos reconozcan para qué existe el ministerio. Cuando hablamos de comunicar la visión, tenemos que saber que tenemos que ser insistentes, cuando nos estamos cansando de decirla, la gente recién la va digiriendo y procesando, por eso que es vital continuamente y de diversas formas.

Las distintas personalidades suelen engancharse con distintas maneras de decir lo mismo. Por eso es importante repetir la declaración de misión personalizada de formas diversas y teniendo en cuenta esta realidad. Las imágenes ayudan mejor a los visuales, predicaciones y canciones van a ayudar a los auditivos, y conversaciones personales a los afectivos.[4]

UNOS CONSEJOS PRÁCTICOS

Antes que nada, para definir la visión de tu grupo, busca en oración a Dios. Porque *«Si el SEÑOR no edifica la casa, en vano trabajan los albañiles...». (Salmos 127:1).*

En segundo lugar, piensa a qué necesidad quieres responder, cuál es el ámbito al que sientes que como grupo pueden contribuir, cuál es el sueño en grande que dinamiza el futuro. Piensa en tu entorno, en los recursos, en las personas que te rodean, en la geografía, en los desafíos de esta generación. Incluso puedes hacer este proceso participativo, dejando que tus jóvenes también aporten ideas y perspectivas.

---

4 Lucas Leys. *El ministerio juvenil efectivo.* Editorial Vida. Miami, FL. 2003 (p. 40)

En tercer lugar, pon por escrito los pensamientos que vayan surgiendo para construir a partir de ellos. Luego transmite esto al grupo y conéctalo con sus motivaciones. Recuerda: *«Donde no hay visión, el pueblo se extravía»*. Por eso, asegúrate de que la visión siempre esté disponible y sea recordada por todos los integrantes del grupo.

MIS PASOS A SEGUIR

germánortíz

COORDENADAS DEL TRAYECTO

VISIÓN, MISIÓN Y PLANIFICACIÓN

El sólo hecho de emprender un viaje produce adrenalina. Dar ese primer paso en el camino, experimentar ese viento por el rostro que presagia aventura, atarse los cordones en medio de la oscilación. Ese simple hecho de alejarse del punto de partida, de abandonar lo seguro y de poner los músculos en movimiento hace que algunos se sientan incómodos, pero pocos relatos de navegación no incluyen una aventura. En realidad, yo no conozco ninguno.

LA ENERGÍA INICIAL

Sin entusiasmo, sin fe y esperanza, sin las ganas necesarias para volcar tanta adrenalina en movimiento decidido, los líderes yacen inmóviles a la vera del camino. La propuesta de Dios siempre es energética. Aun cuando Él, en ocasiones, ordene el descanso, esto tiene como propósito retomar fuerzas para reanudar el movimiento. La propuesta de la misión refiere a cambio, transformación, restauración... y nada de eso se consigue sin los movimientos necesarios. Aun cuando Dios, algunas veces dé la directiva: «*Simplemente, quédense quietos en sus puestos, para que vean la salvación que el Señor les dará...*», siempre se da en el contexto del movimiento: «*Salgan mañana contra ellos, porque yo, el Señor, estaré con ustedes*». (2 Crónicas 20:17 NVI).

Sin entusiasmo y energía, la flacidez impide cualquier acción transformadora. Hay que sacar fuerzas en medio de las flaquezas, recordar que Dios se perfecciona en nuestra debilidad, que somos más que vencedores y confiar en los recursos sobrenaturales del Señor.

DIOS SE PERFECCIONA EN NUESTRA DEBILIDAD

La aventura requiere del entusiasmo en este relato del Antiguo Testamento. El rey Josafat es el líder de la expedición y es interesante registrar las palabras que han quedado escritas: *«¿No fuiste tú, Dios nuestro, quien a los ojos de tu pueblo Israel expulsó a los habitantes de esta tierra? ¿Y no fuiste tú quien les dio para siempre esta tierra a los descendientes de tu amigo Abraham?». «Cuando nos sobrevenga una calamidad, o un castigo por medio de la espada, o la peste o el hambre, si nos congregamos ante ti, en este templo donde habitas, y clamamos a ti en medio de nuestra aflicción, tú nos escucharás y nos salvarás»*. (2 Crónicas 20:7 y 9 NVI).

Los buenos líderes saben tomar la energía acumulada en la desesperación y usarla como materia prima para que, refinada en la destilería de la fe y de la esperanza en nuestro Dios, se produzca el necesario combustible del entusiasmo que permite el movimiento necesario.

Pero no alcanza sólo con la energía y el entusiasmo. Estos elementos parecen brindar la parte «divertida» a la cosa. Todos gritamos y saludamos a quienes nos alientan en el punto de partida, damos gritos de guerra y júbilo, saltamos en hermosos cultos en los que nos entregamos a la algarabía, lloramos en los congresos, saltamos en los retiros, cantamos canciones de relatos épicos, tomamos decisiones temerarias, hacemos declaraciones importantes, prometemos fidelidad y entrega, pero cuando se apagan las luces de esas fiestas, será necesario algo más que entusiasmo para no quedar mirándonos unos a otros sin saber cómo sigue la travesía.

Entusiasmo: un elemento fundamental pero que se apaga pronto si no se acompaña con los otros elementos que veremos a continuación.

LA VISIÓN

¿Y ahora a dónde vamos? Nadie hace uso apropiado de su energía si no sabe hacia dónde se dirige. El entusiasmo que envuelve el acto de dar los primeros pasos se apaga pronto si no hay un plan que le dé destino a la aventura.

Qué es

La visión es un sueño... épico, importante, grandioso pero que puede y debe ser alcanzado. Es conquistar la tierra prometida, descubrir una nueva ruta comercial con el lejano oriente, entrevistarse con el Mago de Oz, arrojar el anillo de poder en el Monte del Destino, devolver la paz y el orden a Ciudad Gótica. Es viajar al futuro y regresar con la postal de lo que se pretende alcanzar.

Cómo debe ser

La visión es clara porque es el destino al que nos dirigimos. La incertidumbre puede ser un condimento, pero no un elemento básico. Dios le regaló una visión a Abraham y le dijo: «*...vete a la región que te voy a mostrar*». La certidumbre no es absoluta pero la directiva es clara: «*Deja tu tierra, tus familiares y la casa de tu padre...*». Ya hay una postal del futuro para que Abraham sepa hacia dónde dirigir sus pasos y lo que Dios se propone hacer con él y a través de él: «*Te voy a convertir en una nación muy grande; te voy a bendecir y te* *haré un hombre muy famoso. ¡Serás de bendición para muchas personas!». (Génesis 12:1-2).*

Toda aventura divina tiene la cuota de incertidumbre necesaria para que nuestra fe sea probada, pero requiere de una visión clara que fije un destino claro, por lo menos, a mediano plazo. Una buena visión debe poder redactarse en un párrafo breve que, con un trabajo mínimo, pueda memorizarse. Déjame darte un par de ejemplos para que veas a qué me refiero.

TODA AVENTURA DIVINA TIENE LA CUOTA DE INCERTIDUMBRE NECESARIA PARA QUE NUESTRA FE SEA PROBADA

La visión de L.A.GR.AM (Liderazgo y Adolescencia, Grupo de Amigos) es: *Nuestro deseo es ver a adolescentes que crecen integralmente siendo agentes de cambio y proyectándose a una vida adulta madura, plena y realizada.*

La visión de JBN (Jóvenes Buenas Nuevas), el ministerio juvenil de la iglesia en la que me desempeño como pastor, es: *Soñamos con jóvenes que crecen integralmente como consecuencia de una relación abundante, natural y comprometida con Cristo. Se guían por los valores bíblicos, se involucran entusiasta y activamente en la comunidad de fe e impactan positivamente a la sociedad por su vocación de amor e integridad.*

BENEFICIOS QUE APORTA UNA VISIÓN

Tener claridad en la visión hace algunos aportes más que interesantes:

- Te da un mapa de ruta por lo tanto te impide gastar energías en cosas que no son necesarias para tu propósito y te ayuda a buscar los recursos necesarios. Una vez que estableces el destino de tus vacaciones, armas tus valijas con los elementos apropiados (no se recomienda botas de abrigo para veranear en las playas de Miami).

- Permite que tu grupo sepa si están dispuestos o no a unirse a la aventura. Cuando sabes hacia dónde vas tienes mayores posibilidades de ser claro en la propuesta y en tu invitación a otros para que se sumen. Tu claridad avisa destino y el que avisa no traiciona. En la historia de *«El Señor de los Anillos»*, los miembros de la Comunidad del Anillo no pueden excusarse a mitad de la travesía; se les avisó sobre el destino a perseguir y sobre los riesgos que deberían enfrentar. No se sumaron al viaje por una publicidad engañosa o por un líder seductor, lo hicieron por su propia decisión para servir a una causa que tiene una clara visión: destruir el anillo y restablecer la paz en la Tierra Media... o dejar la vida en el intento.

LA MISIÓN

Una buena visión se complementa con lo que se conoce con el nombre de misión: ésta es una descripción concreta que describe, básicamente, lo que el grupo debe estar ***dispuesto a hacer*** para alcanzar la visión.

Si la visión de Batman es *«Restablecer el orden en Ciudad Gótica»*, su misión debería describir, fundamentalmente cómo se propone hacerlo. Me atrevería a redactar algo parecido a lo siguiente: *«Utilizando mis destrezas y tecnologías desarrolladas, me propongo encarnar un personaje misterioso que sirva a la comunidad derrotando al mal, restableciendo el orden»*.

Vayamos a los ejemplos dados para observar a cómo lo hicieron L.A.GR.AM. y JBN.

La misión de L.A.GR.AM. es: «*Trabajamos para proveer espacios, recursos y relaciones significativas que contribuyan al desarrollo integral del adolescente, declarando que éste es el deseo de Dios y que quiere expresarlo a través de una relación especial con ellos*».

La misión de JBN es: «*Generamos ámbitos que propician la formación de una red vincular donde personas acompañadas, y que aman a Jesús, brindan acompañamiento a los jóvenes que deseamos influenciar con su amor y poder*».

La visión es a dónde quiero llegar. La misión es lo que me propongo hacer para alcanzar la visión. La visión y la misión brindan cause al entusiasmo. El entusiasmo por sí solo puede tener un efecto embriagador. En un instante se vive una fiesta y al siguiente se vive una molesta y frustrante resaca. Pero también es cierto que, si una visión no cuenta con el entusiasmo para desarrollarse, se convierte en una utopía irrealizable, con la inmensa carga de frustración que esto conlleva.

Cuando el grupo tiene claridad en esto, sabe perseverar y superar el cansancio de la mitad del camino. Hacer temblar su ánimo será difícil si se han unido a una causa que se les ha revelado con claridad y que han hecho propia. Si el líder mantiene la coherencia con los motivos que dieron origen al viaje será más sencillo mantener al equipo unido y esforzado.

LOS OBJETIVOS

Sin entusiasmo no hay partida y perseverancia en el viaje, sin visión no se sabe a dónde se quiere llegar. Los objetivos te indican qué hacer durante la travesía.

No fui educado para ser un organizado ni un organizador. Planificar no es lo que me sale con mayor facilidad, pero sé que si lo hago contaré con el respaldo de mi Señor y, si no lo hago, puedo ser tomado desprevenido por el enemigo. Planear es una prerrogativa, es decir, un derecho adquirido y un deber que Dios le ha concedido al ser humano. Planear es nuestra responsabilidad. Aprovechar los planes es sabio. Atarse a los planes es tonto.

Si planeo y pongo los planes al servicio de mi causa y de mi Señor, alcanzaré destinos increíbles, lo que *«ningún mortal ha visto, ni oído, ni imaginado ...». (1 Corintios 2:9)*. Si me ato a mis planes y los pongo por sobre las órdenes del Comandante en Jefe, es probable que me pierda todo eso. Esta es una gran paradoja que, para mí, se explica maravillosamente en un proverbio de Salomón: *«El corazón del hombre traza su rumbo, pero sus pasos los dirige el Señor». (Proverbios 16:9 NVI)*.

Dios nos dio libre albedrío y esto significa que gozamos de libertad para planear. Claro que la libertad que Dios nos concedió viene con una etiqueta que dice: «Úsese con responsabilidad». Pero el versículo revela algo que aporta mucha luz: Los planes se realizan en lo más íntimo del corazón humano.

Por lo tanto, la calidad del plan está directamente ligada a la calidad del corazón. Los mejores planes de tu vida serán concebidos desde un corazón sano. Ningún equipo planificará buenas aventuras si su corazón es insensible, competitivo, egoísta, orgulloso o con características parecidas, que generan desunión, pleito, discusiones tontas o competencias de poder. Ya en el capítulo 4 de Proverbios, Salomón nos había advertido: *«Por sobre todas las cosas cuida tu corazón, porque de él brota la vida»*.

Si tu corazón se encuentra próximo al de Dios será más probable que planees correctamente. Tus planes serán de calidad, contemplarán no sólo tu propia realización, sino la de tu equipo y la de los adolescentes o jóvenes a los que sirves. Si tu corazón está lejos de tu Señor, entonces los planes estarán lejos de Él, de su guía, de su dirección, de su visión para tu vida. Tu ánimo navegará por intermitencias que fluctuarán entre el entusiasmo fugaz y las resacas del sin sentido. Las frustraciones te atraparán en algo que bien podría ser arena movediza.

En estos años de ministerio vi con tristeza cómo fracasaron muchos que, al momento de iniciar, destilaban entusiasmo por los poros. Un buen equipo cuida el corazón de sus miembros y planea en una incansable búsqueda de hacer la voluntad de Dios. Eso mantiene su ánimo aún en los más duros contratiempos.

Ahora bien, aun cuando todo esto ocurra de manera fluida, un plan podría fallar o no contemplar alguna contingencia. Esa problemática no fue prevista, ese recurso no fue tenido en cuenta, esa ausencia no fue considerada, esa reacción no fue esperada. Una tormenta llega sin aviso.

No planear porque no sabemos lo que ocurrirá es pereza en estado puro. Desarrollar planes con la pretensión de que sean perfectos es engañarnos a nosotros mismos. Es en estas circunstancias en que Dios nos recuerda que necesitamos estar siempre unidos a Él. Con un corazón sensible, estaremos atentos y dispuestos a los cambios que Él proponga sobre la marcha.

Planeo desde un corazón cercano al de mi Señor, y si en algo me equivoco (que bien podría pasar), estoy dispuesto a que Él cambie las instrucciones a último momento. Esta es una receta genial para evitar mi estrés, un método divino para ayudarme a crecer en la saludable dependencia a su persona.

Déjame darte alguna ayuda para poner objetivos que te permita a planear: el equipo del que formo parte en JBN planea con tres clases de objetivos: el general, los específicos y los operativos:

OBJETIVO GENERAL

Es aquel que, sujeto a la visión y la misión; pone en claro qué es lo que nos proponemos en un lapso concreto de tiempo (semestre, año o más).

Te doy un ejemplo extraído de la práctica en JBN: «*Propiciar el encuentro espontáneo con Jesús desde una vida de devoción auténtica y desde el amor que promueven el ministerio relacional, el trabajo en equipo y una programación de pretendida excelencia*».

Como verás, si bien no es tan concreto o cuantificable, sí puede ser evaluado al finalizar el periodo en el que fue propuesto.

OBJETIVOS ESPECÍFICOS

Son aquellos que describen nuestra pretensión acerca de lo que los muchachos y chicas deben alcanzar o lograr. Tienen que ser bien concretos y medibles de alguna manera. Estos objetivos podrían tener un encabezado virtual que, sin estar redactado podría leerse «que los muchachos y chicas logren...». Muestro un ejemplo sobre la propuesta de formación de grupos pequeños en JBN: «*Encontrar un espacio relacional de orientación y contención a partir de la formación de pequeños grupos que se reúnan periódicamente y su relación con los coordinadores de dichos grupos*».

JBN tiene muchos de estos objetivos para la vida de los jóvenes, para el equipo de trabajo y para los miembros del equipo ministerial.

OBJETIVOS OPERATIVOS

Son esos que describen lo que nos proponemos hacer para alcanzar el objetivo específico. Por cada objetivo específico debe haber al menos un operativo. Veamos el ejemplo referido al objetivo específico citado más arriba: *«Generar un espacio organizado en grupos pequeños de aproximadamente ocho personas con uno o dos líderes o guías por grupo, acompañando a estos últimos en la tarea de cuidar espiritualmente a cada muchacho o chica a su cargo»*.

Dicen los que saben que la mejor manera de redactar objetivos es considerar que estén encabezados por un solo verbo en infinitivo. A esto puede sumársele otro verbo en forma de gerundio dentro del desarrollo del objetivo que dé cuenta de otra acción que quisiera tomarse al respecto. En el objetivo operativo de arriba, esto puede verse en los verbos *generar* (en infinitivo) y *acompañando* (gerundio). En tu buscador de Internet podrás encontrar listas de verbos que sirven para redactar objetivos. Si lo haces, seguramente contarás con otro recurso para enriquecer tu ministerio.

ALGO SOBRE SU APLICACIÓN

Cada *objetivo operativo* debería estar puesto en función de uno de tus *objetivos específicos*; a la vez, cada uno de éstos debería estar en armonía con el *objetivo general*, y éste debe responder a la *misión* que describe lo que hacen tú y tu equipo para alcanzar la *visión* propuesta.

En la experiencia JBN el programa anual y cada encuentro planificado respetan este esquema de organización. Sólo para ponerte en contexto te cuento brevemente cómo se aplica esto en la práctica en nuestro grupo de jóvenes. Podríamos modificarlo sobre la marcha y tú puedes considerarlo y hacerle adaptaciones para tus necesidades. No lo describo para que lo copies tal cual sino para que veas cómo fluye su aplicación:

Cada mes contemplamos un tema que responde a las necesidades de los miembros del grupo y durante ese mes tratamos en el primer sábado el desarrollo conceptualmente de la temática (privilegiando lo intelectual). En el segundo sábado generamos un espacio inspirador referido a ese mismo tema (privilegiando lo emocional) y en el tercero promovemos su práctica (haciendo algo referido al tema que desarrollamos en los otros sábados). Nos quedan los cuartos sábados para trabajar cosas no previstas a comienzo de año y que van surgiendo de la necesidad de los chicos o del contexto en el que se mueven. Así, al momento de elegir los temas, nos ponemos objetivos para cada mes y para cada encuentro, a modo de que sea evidente lo que nos proponemos que ocurra al abordar esa cuestión.

Alguien dijo alguna vez: *«Nadie planea fracasar, pero muchos fracasan por no planear»*. Y nosotros estamos de acuerdo con ese «alguien». Cuando cuentas con estos elementos te resulta mucho más sencillo evaluar. Deberás responderte:

- ¿Hicimos lo que nos propusimos en los objetivos operativos?
- ¿Conseguimos que los muchachos y chicas lograran lo que consideramos en los objetivos específicos?
- ¿Qué está sucediendo con nuestro objetivo general? ¿Lo logramos, lo logramos parcialmente o no lo alcanzamos?
- ¿Estamos haciendo con convicción y perseverancia lo que nos proponemos en nuestra misión?
- ¿Notamos que damos pasos decididos y concretos hacia nuestra visión?

Toda actividad, programa o proceso puede ser evaluado y esto resulta importante y enriquecedor para el desempeño del equipo y el cumplimiento de la tarea. Recuerda: entusiasmo, visión y planificación son tres elementos fundamentales para llegar a la meta.

MIS PASOS A SEGUIR

EL EQUIPO

LA SELECCIÓN

paolo**lacota**

Liderazgo conectivo. De eso se trata. Jesús no desplegó una lista de requisitos para formar su equipo inicial, de otro modo los discípulos a los que escogió hubiesen sido descartados. En vez de eso, los eligió por ser individuos distintos, capaces de recibir instrucción, y cuyas vidas Él podía forjar a través de su presencia entre ellos.

De eso se trata esta aventura de toda la vida que conocemos como discipulado. Discipulado es sinónimo de aprendizaje, y un aprendizaje de toda la vida, del cual nunca nos graduaremos. Es esa misión preciosa que nos regaló el Señor de convivir y aprender juntos, como individuos y como equipo, en comunidad.

Eddie Gibbs en su libro «*Liderar en una cultura de cambios*», explica que discipulado no es un curso, o una serie de lecciones en un aula: es transmisión de vida a través de relaciones interpersonales. Un discípulo es un aprendiz, pero no en el sentido académico, sino en un contexto relacional donde aprende lecciones de vida y habilidades de fe. Además, es parte de un proceso que va desde que decides aceptar a Cristo en tu corazón hasta convertirte en un discípulo comprometido con Él y con su causa, entendiendo que el término «discípulo» no se restringe a los supercristianos sino que es la forma de describir a los creyentes comunes en proceso de crecimiento.

Así ocurrió con los primeros discípulos de Jesús quienes solamente después de que hubieron experimentado el impacto transformador del discipulado, estuvieron en posición de embarcarse ellos mismos en su misión de hacer discípulos entre todos los pueblos.

Los discípulos no existen en aislamiento sino en comunidad de sostén mutuo, rendición de cuentas y compromiso para expandir las buenas noticias. Cuando decimos «soy discípulo», nos embarcamos en un aprendizaje que dura toda la vida, que incluye aprender en comunidad, tener una vida de servicio y entrega y enseñar como Jesús enseñó.

LOS DISCÍPULOS NO EXISTEN EN AISLAMIENTO SINO EN COMUNIDAD

El impacto en la vida de los discípulos de Jesús fue tan contundente que el libro de Hechos de la Biblia fue nombrado así gracias a que este grupo de discípulos fue conocido por sus HECHOS, no por sus palabras. Esto nos insta e inspira a que podamos ser intencionales en forjar el carácter de Cristo en nuestras vidas, y ser coherentes, convirtiéndonos en hacedores y no solo habladores de su palabra. No es que los discípulos no cometían errores, sino que, a pesar de ellos, de su humanidad y debilidades, pudieron ser de gran influencia para que otros pudieran recibir el mensaje de Jesús. ¡Qué gran desafío es el que nos espera en esta carrera!

Hoy en día es igual: más allá de nuestras imperfecciones, nuestras familias y nuestros ministerios son fuentes de inspiración e influencia para aquellos que nos rodean si permitimos que Dios pueda usar nuestras vidas intencionalmente.

Si bien es cierto que vivimos en un tiempo de escasez de referentes y tropezamos con el problema de la falta de modelos dignos de imitar, este es un desafío que a nosotros nos corresponde y que debemos asumir.

LAS FAMILIAS NO SON PERFECTAS, PERO SON EL VEHÍCULO MÁS PODEROSO PARA INFLUENCIAR A LAS NUEVAS GENERACIONES

Al contrario de lo que muchos piensan acerca de este tiempo, creemos que este momento nos brinda el escenario perfecto para demostrar en nuestras vidas que el evangelio va más allá de las palabras y sermones. Esto representa una brillante oportunidad para que la gente pueda ver y experimentar a Jesús no sólo en nuestras palabras, sino también a través de cómo vivimos nuestras vidas.

Al respecto Reggie Joiner y Lucas Leys en su libro «*Los padres que tus hijos necesitan*», dicen lo siguiente:

Hay dos influencias poderosas en el planeta: la iglesia y el hogar. Ambas existen porque Dios las inició. Ambas existen porque Dios desea usarlas para llevar a cabo su plan de redención y restauración.

Tanto la iglesia como la familia son sistemas conformados por gente imperfecta, pero diseñados por Dios para contar su historia al mundo.[5]

Definitivamente, uno de los grandes propósitos de la iglesia es acercar a las familias a Dios y ser intencionales en el cuidado e intereses de los más jóvenes.

Las familias no son perfectas, pero son el vehículo más poderoso para influenciar a las nuevas generaciones, por eso estamos totalmente convencidos de que el ministerio a la familia es el siguiente movimiento fuerte de Dios.

---

5 Reggie Joiner y Lucas Leys. *Los padres que tus hijos necesitan.* e625. Dallas TX. 2017 (p. 26)

Un antiguo proverbio chino dice: *«Nadie puede entender a otros, hasta que camine en sus zapatos»*. Y justamente eso fue lo que hizo Jesús. Él vivió entre nosotros pero sin juzgarnos, primero acogía y luego enseñaba.

La manera en que las nuevas generaciones entienden la verdad es viéndola incorporada en nuestras vidas. Ellas quieren ver la verdad funcionando en nuestras vidas, en nuestras familias y comunidades de fe. Muchos jóvenes, por ejemplo, abandonan las iglesias porque no pueden ver la verdad reproducida en nosotros. La verdad tiene que ser algo que se pueda ver, que se pueda mostrar, pero no solo en teoría, sino reflejada en nuestras maneras de vivir y de convivir.

Si queremos caminar en el plan de Dios debemos entender que la iglesia debe ser saludable. Y para lograr esto tenemos que trabajar para empoderar, nutrir, y levantar a las familias, porque es la clave para tener una sociedad sana.

En el ministerio de nuevas generaciones, la clave es un acompañamiento espiritual, es transmisión de vida a través de nuestras relaciones interpersonales. Tenemos que proveer una estructura de credibilidad; ellos no buscan perfección, pero tienen derecho a la coherencia de los líderes, es decir, que mostremos con nuestras vidas lo que enseñamos. Tenemos que ser marcos de referencia donde ellos puedan ver la verdad, a pesar de todos los defectos que podamos tener.

Por lo tanto, la familia y la iglesia deben ir de la mano. Necesitamos crecer y fortalecer a las familias. Debemos buscar a Dios en nuestras casas, y como líderes no debemos ignorar los ataques que hoy en día existen sobre las familias.

Claro que este camino de trabajo fusionado entre familia e iglesia, es de trayecto largo y podría ser escabroso, ya que tanto en las familias como en las iglesias existen conflictos, errores y frustraciones, y es justamente porque ambas instituciones diseñadas por Dios están conformadas por seres humanos.

Aun así, la familia es la institución más importante, sin ella las sociedades no hubieran sobrevivido. Su impacto es único en la raza humana, y sin embargo la mayoría de las familias no poseen una visión compartida, no conocen su propósito y no tienen claros los valores que deberían abrazar. A pesar de todo, de igual manera a través de la historia hemos visto que la familia ha sido la fuente principal de influencia en la vida de las personas. Si sumamos a esto que el proceso en el trabajo con las nuevas generaciones contempla que los padres y los líderes trabajemos juntos y de manera fusionada en pos de forjar en los planes de Dios a las nuevas generaciones, en este proceso las familias se volverán más saludables, las iglesias más fuertes, y nuestros equipos y ministerio se irán acercando al nivel de influencia transformador que ayudará a miles a alcanzar su destino en Dios.

Así que, al momento de convocar a nuestro equipo, hagámoslo entendiendo que estamos emprendiendo una aventura para toda la vida. John Maxwell afirmó:

«El desarrollo del liderazgo es una travesía de toda una vida, no un viaje fugaz».

LOS DISCÍPULOS COMPROMETIDOS

Desglosemos la importancia del compromiso del equipo. Están los entusiastas admiradores que son los más enérgicos cuando hablamos de aventura; son los que vitorean y aplauden las iniciativas, siempre y cuando éstas los beneficien. Son los que se acercan a la Iglesia para sentirse bien y eufóricos. Conocen *de* Jesús al dedillo y compran cuanto *merchandising* hay de Él, pero la gran pregunta es: ¿conocen *a* Jesús?

Los seguidores quieren estar lo suficientemente cerca para obtener los beneficios, pero en el momento en que deben comprometerse y rendir sus vidas en obediencia, tienen ganas de abandonar. En Juan 6:66, está registrado un episodio donde Jesús habla sobre lo que implicaba ser un verdadero discípulo, más que un simple seguidor. Esto fue lo que pasó: *«Desde ese momento muchos de sus discípulos lo abandonaron. Entonces, Jesús les preguntó a los doce: —¿También ustedes quieren irse?».*

Eran nada más y nada menos que los cinco mil, esos que vieron el milagro de la multiplicación de los panes, pero con la diferencia de que se trataba del día siguiente. Ocurre algo muy interesante: Jesús se percata de que la mayoría lo siguió por la comida gratis que recibieron el día anterior (por los beneficios). Entonces, les dirige estas palabras: «... *La verdad es que ustedes me buscan, no porque han visto señales milagrosas sino porque comieron hasta llenarse».* Y prosigue: *«No trabajen por la comida que se acaba. Trabajen más bien por la comida que permanece y da vida eterna, que es la comida que el Hijo del hombre les dará. Sobre él ha puesto Dios el Padre su sello de aprobación».* (Juan 6:26-27).

Ahí viene la raya que separa a los seguidores de los discípulos: el compromiso y el buscarle a Él, no a sus bendiciones. Es la raya entre los que tratan a la Iglesia como estadios a los que van los fines de semana, de los que deciden morir para que Cristo viva en ellos y abrazan la fe todos los días; entre los que se acercan para ser bendecidos en lo material, de los que buscan lo eterno. Entre los que están en las buenas, y los que están en las buenas y en las malas.

Es como si Jesús dijera que los seguidores van por las añadiduras, pero los discípulos van por la relación, lo desean a Él. Esta respuesta de nuestro Señor lo engloba todo: «... *Yo soy el pan de vida. El que viene a mí no volverá a tener hambre...».* (Juan 6:35). Los discípulos no son admiradores entusiastas que se marchan al presentarse el compromiso; son pecadores redimidos que aman a Dios con todo su corazón, con toda su alma y todas sus fuerzas. Son los que se quedan en el camino, aunque sea cuesta arriba.

Pensemos en esto: asistir a una iglesia, no te convierte en discípulo. Cuenta William Barclay que una vez alguien estaba hablando con un gran erudito en cuanto a un joven, y le dijo *«Fulano de Tal fue uno de tus alumnos»*. El maestro contestó devastadoramente: *«Él pudo haber asistido a mis clases, pero no fue uno de mis alumnos»*. Hay un mundo de diferencia entre asistir a clases y ser un estudiante. Esto nos lleva a pensar: los integrantes de mi equipo, ¿están comprometidos con crecer y aprender juntos o sólo se sumaron para pasarla bien un rato y «mironear»?

LA DIVERSIDAD COMO UNA VIRTUD

Los líderes efectivos saben que solos no pueden lograrlo todo. Reconocen y dedican buena parte de su tiempo a reclutar voluntarios para el ministerio de liderar a las nuevas generaciones. Cuanta más diversidad de líderes se tenga, más posibilidades de maduración y resolución de conflictos tendrán las personas.

Los mejores equipos son los que se caracterizan por la diversidad de intereses, personalidades, habilidades, estilos y edades:

- Tener líderes adultos y padres, por ejemplo, enriquece al ministerio con experiencia, contención y modelos.
- Las mujeres aportan sabiduría, sensibilidad, perspectiva y un abordaje profundo a muchos temas.
- Aquellos que tienen el don de administrar aportan orden y la oportuna utilización de los recursos.

- Los que se destacan por su don de servicio, contribuyen a afianzar el sentido de pertenencia.
- Los inquietos creativos, siempre van un paso adelante con la innovación dinamizando lo que todos hacen.

Es muy bueno que la gente piense diferente y que posea habilidades que aporten en la vida de otros. Esto facilita que se alcancen a jóvenes de distintos entornos y estilos de vida. Si en el equipo todos pensamos y actuamos de la misma manera, la monotonía se apropia de todo lo que hacemos y lo que es peor aún, muchos dejarán de ser alcanzados. La variedad y la diversidad nos permite ser versátiles y efectivos.

Además, esperar que dentro del equipo todos piensen y actúen de la misma manera es peligroso porque impide que se expresen ideas, opiniones, y de este modo no se generan espacios para desarrollar la creatividad, a la cual muchos líderes temen porque son inseguros. Un equipo maduro y con un liderazgo sano sabe cómo lidiar con los desacuerdos y respetar la individualidad de cada compañero.

Considera a cada miembro del equipo como parte de una gran familia de la fe que, aunque diversa, debe ser profundamente unida para alcanzar la visión. Esta unidad no se refiere a que estemos todos de acuerdo sino a que estemos unidos por el Espíritu Santo, quien nos guía, capacita y aconseja. No es un camino sencillo y que lleve a resultados inmediatos, pero sí un camino seguro que nos acercará cada vez a lo que nos hemos propuesto.

Por lo tanto, debemos ser cuidadosos y atentos con cada miembro del equipo, estimándolos y teniéndolos como mayores que nosotros mismos. El equipo se debilita cuando se descuida el verdadero significado de comunidad que nos da la Biblia en el libro de Hechos. La iglesia primitiva se caracterizaba por tener un mismo espíritu y por su generosidad los unos con los otros. Cuando nos centramos en nosotros mismos y nuestros propios intereses, empezamos a descuidar a los demás y aparecen males como el individualismo, el elitismo y el favoritismo que tanto mal pueden causar al equipo ministerial.

Tener en claro que nuestro llamado es con personas y familias, y que está enfocado hacia ellas, nos ayuda a establecer vínculos de fraternidad, amor y unidad. Entonces, la próxima vez que tengas que exhortar a alguien de tu equipo, no saldrá lastimado o molesto, sino más bien desafiado a alcanzar su potencial máximo.

Si entendemos y aplicamos este principio, nuestra carrera continuará kilómetro tras kilómetro. Así que no te centres en el esplendor de tus programas, en tu infraestructura ni en tus recursos; fíjate muy bien en las personas que añades a tu equipo y comprométete a añadir valor a sus vidas: que el hecho de estar contigo los haga mejores.

No obstante, al tener a la diversidad como un valor agregado, hay un aspecto que deberías considerar al momento de reclutar a tu grupo: identificar la dirección de sus sueños. No hay nada mejor que tener a personas en el grupo que quieran dirigirse en la misma dirección. El entrenador Pat Riley dijo: *«El trabajo en equipo exige que los esfuerzos de cada uno vayan en una sola dirección»*.

Te grafico esto con una historia:

En una costa del océano muy peligrosa y conocida por sus naufragios, existía un puerto con un barco rudimentario y pequeño. En el barco había pocos miembros devotos que vigilaban constantemente la zona cumpliendo con su rol de salvavidas. Día y noche estaban pendientes del pedido de ayuda de quienes estuviesen en peligro o perdidos en el turbulento mar.

Muchas vidas se salvaron gracias a esta valiente tripulación. Algunos de los rescatados admiraron este gesto y quisieron respaldar la causa del barco salvavidas. Así fue que se unieron, pero en el proceso se dieron cuenta de que había muchas cosas por mejorar, puesto que todo el equipamiento era antiguo, tosco y hecho a mano. Entonces se ofrecieron para realizarle al barco una transformación: trajeron equipos sofisticados, le dieron un toque de pintura, tiraron el viejo mobiliario y lo reemplazaron por otro moderno, implementaron nuevos sistemas, pusieron parlantes de última generación y botes inflables, le dieron una decoración de primera clase, trajeron una radio de emergencia, incluyeron una potente iluminación y todo tipo de artefactos y mejoras que terminaron cambiando el aspecto de aquel humilde barco del inicio de la historia.

Cuando todo quedó terminado, las reuniones dentro del barco se hicieron populares... y los objetivos empezaron a cambiar. Ahora el barco, que casi ya no salía a hacer rescates, pasaba la mayor parte del tiempo estático en el puerto y sirviendo como una especie de club, como un lugar atractivo que alguna vez había sido parte de grandes hazañas.

El salvar vidas y el dar de comer a hambrientos náufragos, el fortalecer a los afectados por las tormentas del mar y calmar a los atribulados, ya era más bien parte del pasado para esta tripulación. Muy pocos de los integrantes se interesaban en desafiar el mar en misiones de rescate. Lo irónico era que el propósito original de «salvar vidas» todavía era muy notorio en las declaraciones de esta tripulación, e incluso parte de la nueva decoración incluía retratos de misiones anteriores.

Por ese tiempo hubo un naufragio muy grande frente a esa costa. El barco por fin salió a socorrer. La cantidad de personas tiritando de frío, empapadas y medio ahogadas en la zona de primeros auxilios del barco, denotaba la gravedad de la situación. Muchas de ellas estaban sucias y enfermas. El ahora hermoso barco de repente se convirtió en un hospital improvisado, atiborrado de gente. Lo llamativo fue que una de las primeras medidas fue nombrar un comité especial para construir inmediatamente una ducha «dentro» y otra «fuera» del barco para proteger la comodidad de la tripulación.

Las discusiones y divisiones no tardaron en llegar entre los rescatistas. La mayoría quería que se abandonaran las actividades de salvar vidas y toda participación en la ayuda a víctimas de naufragios. Decían: *«Es desagradable convivir con este tipo de personas y situaciones»*. Se volvió más importante el ser un club exclusivo que salvar las vidas de quienes fueran atrapados por las aguas.

Los naufragios todavía ocurren en esa zona, pero la mayoría de las víctimas no sobrevive. Todos los días perecen en el mar y son pocos los que parecen preocuparse por eso. Ya no usan sus largavistas para monitorear, se concentran en sus reuniones internas.

Esta historia nos enseña dos cosas: primero, más que cualquier recurso o metodología, es crucial proteger el propósito del equipo. Todos necesitan estar enfocados en eso. Es fácil distraerse con el cómo y olvidarnos el por qué.

En segundo lugar, aprendemos que tener personas diversas permite que alcances a personas diversas. En el mar uno no pregunta a alguien sus antecedentes, historial o nivel de compromiso con Dios antes de tirarle un salvavidas. ¡No! Es deber de la tripulación rescatar a quienes estén en el alcance/radar del barco y lo necesiten en ese momento.

Hay que preparar al equipo para que tenga esa mentalidad. ¿Es bueno ser excelentes y mejorar los sistemas? Sí, pero no hasta el punto de valorarlos más que a los perdidos.

Hay un genial escrito de Theodore Roosevelt que dice:

«No es el crítico quien cuenta, ni el que señala con el dedo al hombre fuerte cuando tropieza o el que indica en qué cuestiones quien hace las cosas podría haberlas hecho mejor. El mérito recae exclusivamente en el hombre que se halla en la arena, aquel cuyo rostro está manchado de polvo, sudor y sangre, el que lucha con valentía, el que se equivoca y falla el golpe una y otra vez [...].

El que cuenta es el que, de hecho, lucha por llevar a cabo las acciones, el que conoce los grandes entusiasmos, las grandes devociones, el que agota sus fuerzas en defensa de una causa noble, el que, si tiene suerte, saborea el triunfo de los grandes logros y si no la tiene y falla, fracasa al menos atreviéndose al mayor riesgo, de modo que nunca ocupará el lugar reservado a esas almas frías y tímidas que ignoran tanto la victoria como la derrota». [6]

Hay que salir a salvar vidas. Los rescatistas tienen en su ADN el diseño para dar su vida en rescate, no para tener simples reuniones sociales.

Hay algo que debes grabar en tu mente y corazón. Es uno de los mejores consejos del Dr. Henry Cloud: *«Los líderes reciben lo que crean, o lo que permiten»*. Es decir, cada líder permite cierta clase de ambiente en el cual ciertas conductas son bienvenidas y otras no. Es importante establecer límites y desafíos. Desde el momento que selecciones al grupo deja en claro que no son un club social, sino una comunidad hecha para grandes hazañas.

---

6 Fragmento de *"El hombre en la arena"*, discurso de Theodore Roosevelt pronunciado en la Sorbona de París, Francia, el 23 de abril de 1910.

UN EQUIPO CREATIVO

La diversidad es un gran factor para la creatividad. Toda gran osadía requiere de ver a los problemas como grandes oportunidades para ser creativos.

Examinemos juntos lo que dice Efesios 4:16 NTV:

«Él hace que todo el cuerpo encaje perfectamente. Y cada parte, al cumplir con su función específica, ayuda a que las demás se desarrollen, y entonces todo el cuerpo crece y está sano y lleno de amor».

Todos recibimos y todos damos en un grupo, allí somos beneficiados, crecemos, nos sanamos y vivimos al máximo el diseño de Dios para nuestras vidas. Dentro de cada niño, adolescente y joven hay ideas, dones, experiencias y talentos que debes ayudar a desarrollar. En 1 Corintios 12:7 dice que a cada uno de nosotros se nos da una manifestación especial del Espíritu para el bien de los demás.

A medida que involucres a los jóvenes en la experiencia de la fe, sus habilidades especiales saldrán a flote. Presta mucha atención y reconoce los dones de cada integrante de tu grupo. Andrew Carnegie dijo una vez sobre la importancia de un equipo: *«Llévense a mi gente y dejen mis fábricas, y la hierba no tardará en brotar del suelo. Llévense mis fábricas y dejen a mi gente, y pronto tendremos una fábrica nueva y mejor».*

Esta no es una aventura solitaria, esta es una odisea grupal. Podemos no contar con todos los recursos que necesitamos, pero nunca nos pueden faltar las personas.

En nuestro caso junto con mi esposa, contamos con un grupo de líderes creativos, visionarios e inquietos que permiten que la misión en la que estamos como ministerio continúe para adelante. Ya son varios años que vamos construyendo la creatividad, combinando ideas, considerando diferentes aristas y soluciones, creciendo juntos, dejando espacio para que cada uno cumpla su función específica, y desarrollándonos como equipo.

El team de e625 Paraguay propicia espacios y reuniones donde nos escuchamos, planificamos, hacemos «destrucción creativa» para volver a construir, y anotamos todas las ideas y nos arriesgamos. De la unión de este este grupo han salido libros, artículos, audiovisuales, campamentos, capacitaciones masivas, canciones originales, diseños, conciertos, ferias, montajes creativos, y otras iniciativas que han permitido aportar algo positivo a cientos de líderes, familias y miles de jóvenes y adolescentes.

Desde hace años nos capacitamos, leemos e investigamos, nos mantenemos curiosos, viajamos miles de kilómetros juntos, nos comunicamos, compartimos comidas, sueños y hemos aprendido a mantenernos juntos mirando al futuro más allá de los errores y frustraciones que nos ha tocado atravesar. Nos levantamos los unos a los otros y superamos juntos las críticas, los tiempos difíciles y las pruebas. Permitimos un espacio seguro, de familiaridad, donde sin temor se pueda decir lo que se piensa o se siente.

Siempre estamos con esa sana insatisfacción que nos lleva a preguntarnos: «¿cómo mejorar esto?», «¿cómo ir a un nuevo nivel?». No somos producto de la improvisación ni del azar. Somos intencionales, flexibles, tratamos de ser «entendidos en los tiempos» (1 Crónicas 12:32) y cumplimos cada cual con una tarea especial que nos fue encomendada.

En nuestro equipo tenemos administradores, comunicadores, diseñadores, productores musicales, maestros, economistas, psicólogos, nutricionistas, abogados, teólogos, contadores, por mencionar solo las facetas profesionales. ¡Hay tanta riqueza en la experiencia de cada uno! Pero, todos empezamos siendo adolescentes y jóvenes soñadores que se embarcaron a una aventura que, con la guía de Dios, entregaron lo mejor de sí en cada etapa.

Es increíble cómo Dios hace que «todo el cuerpo encaje perfectamente».

LA EXPERIENCIA DE LOS VETERANOS

Pasemos ahora a un punto más que importante. Cuando busques voluntarios en tu grupo, busca que sean abiertos y flexibles; sobre todo si son adultos, ¡que entiendan que es una reunión de jóvenes! Y que se trata de los jóvenes y no de ellos.

LOS VOLUNTARIOS ADULTOS ENRIQUECEN LA LABOR

Los voluntarios adultos enriquecen la labor realizada en el liderazgo generacional. Incluirlos dentro del equipo trae grandes beneficios. Por ejemplo, considerando que también podrían ser padres, pueden ayudarte a explicar a sus pares las cuestiones del ministerio de nuevas generaciones que los padres de los adolescentes no entienden o les parecen fuera de lugar.

La sabiduría contenida en líderes adultos es invaluable y su experiencia de vida aporta a la vida de los jóvenes y genera confianza en los padres hacia el grupo de jóvenes.

Además, teniendo en cuenta la realidad familiar, encontramos que estamos frente a una generación huérfana de padres y madres, posiblemente no por causa de la muerte, sino probablemente del abandono emocional que éstos sufren por parte de sus progenitores. Sin entrar a analizar las razones, los líderes adultos pueden ser modelos de padres y abuelos en la vida de los jóvenes. Esto es poderosísimo ya que pueden suplir, aunque nunca reemplazar, la figura de los padres.

Aunque tengamos padres involucrados en el liderazgo generacional, recordemos que el foco son los hijos. Dicho involucramiento tiene que permitir que los hijos siempre puedan ser hijos.

Por otro lado, en el ministerio generacional debemos aprender a asociarnos con los padres para hacer efectivo un acompañamiento a sus hijos. Muchos padres de niños, adolescentes o jóvenes cuando vean el impacto significativo de la iglesia en sus hijos, querrán saber más de la fe por causa de ellos que por cualquier otro medio o ejemplo.

Por eso, al involucrarnos en el ministerio de nuevas generaciones tenemos que pensar en las familias. Además, independientemente de que los padres sean buenos o no, conozcan a Jesús o no, no debemos subestimar su influencia en sus hijos.

La mayor influencia que reciben nuestros niños, preadolescentes, adolescentes y jóvenes ocurre en sus familias. Respecto a esto, el Dr. Lucas Leys menciona en su libro *Liderazgo Generacional*:

Muchas veces asumimos que, si el ministerio es para adolescentes, entonces es para ellos, y no para sus padres... sin darnos cuenta de cuán incompleta es la influencia que podemos ejercer sobre nuestros adolescentes si no influenciamos intencionalmente también a las personas más influyentes en sus vidas que, según toda la ciencia, ¡son precisamente sus padres![7]

Por eso uno de los propósitos más grandes que debe forjarse la iglesia es ser mentores espirituales de los padres, y que éstos a su vez lo sean de sus hijos, de tal manera que el legado de la fe continúe a las siguientes generaciones. Para

7 Lucas Leys. *Liderazgo generacional.* e625. Dallas, TX. 2017 (p. 40)

los jóvenes es muy importante que tanto padres como líderes estén presentes en los momentos cruciales de sus vidas.

Es importante dejar en claro que la labor de transmitir la fe a los hijos es de los padres, sin embargo, muchos de ellos no conocen al Señor, entonces, es cuando el líder asume un rol protagónico en el aspecto espiritual del joven, adolescente y aun de los niños, el cual riega todas las demás áreas de su vida.

Para los que no tienen a sus padres en la iglesia, podemos suplir esa necesidad de alguna manera y trabajar en crear puentes que podrían unirnos a sus progenitores. Considera que esta alianza no se trata de que ellos formen parte de un programa, un esquema o una estructura, sino de que se acerquen a través de una línea de pensamiento, un estilo de vida y una asociación de principios evidenciados en sus hijos, donde la afirmación en la identidad, la valía y las convicciones firmes de los jóvenes jugarán un rol determinante.

CÓMO INVOLUCRAR A LOS PADRES EN EL MINISTERIO

- Puedes comunicar información sobre las actividades de la iglesia en las que participarán sus hijos, y las enseñanzas que recibirán en el semestre. Puedes valerte de boletines semanales, correos electrónicos, etc. Un miembro del equipo puede ayudarte con esta labor.

- Ayuda a los padres creando espacios para el aprendizaje y el diálogo a través de charlas, conferencias, debates, ágapes, con temas relevantes relacionados con la crianza de sus hijos. Actividades como éstas y otras similares les ayuda a conocer a otros padres que también lidian con los mismos desafíos que ellos. También esto podría promover la formación de una comunidad de compañerismo y crecimiento.

- Forma grupos o comités de padres que apoyen las diversas actividades orientadas hacia sus hijos, como los campamentos, torneos deportivos, y otras actividades. Contar con adultos crea siempre un ambiente confiable y de seguridad, además, ellos conocen y se sienten parte lo que estás realizando con sus hijos, lo que despertará una valoración genuina hacia el ministerio y por ende su apoyo incondicional hacia tu labor. Recuerda: *la gente apoya aquello en lo cual está involucrado*. Ten presente que habrá padres que, aunque deseen contribuir, no podrán hacerlo por sus compromisos laborales o de otra índole, sin embargo, extiéndeles siempre la invitación a colaborar, aunque sea eventualmente.

- Anima a los padres en su rol y demuéstrales valoración, esto es trascendental. No olvides que ser padre de familia no es tarea sencilla. Busca la forma, resaltando alguna característica positiva de su hijo/a diciéndole: *«Haz hecho un buen trabajo educando a tu hijo»*. Puedes organizar una vez al año una actividad donde la meta sea animar y bendecir a los padres en su labor. Este tipo de iniciativas promueve espacios donde los hijos pueden honrar la vida de sus padres y dar gracias a Dios por ellos.

- Los grupos de oración e intercesión son importantes en la labor que realizamos en la vida de los niños, adolescentes y jóvenes, por lo tanto, desafiar a padres que tengan el deseo y la disponibilidad de formar parte de este tipo de movimiento espiritual despierta el compromiso y la responsabilidad hacia el ministerio. De igual manera, puedes involucrar a más padres desde sus hogares a través de tarjetas de motivos de oración.

- Invita a algunos de los padres a compartir con el grupo su experiencia de vida, temas de interés, enseñanzas bíblicas, y todo lo que pueda aportar al crecimiento espiritual y al desafío en todas las áreas de la vida de los chicos.

No podemos perder de vista nuestro gran objetivo: que en la convivencia y en las relaciones los jóvenes puedan conocer y experimentar a Dios. Que el equipo que seleccionemos ayude a modelar y dibujar en sus mentes el plan de Dios para sus vidas.

Nunca podremos dimensionar hasta dónde puede llegar el impacto y la influencia de los líderes en la vida de las nuevas generaciones: *Quizá el único buen matrimonio que verán en toda la vida sea el tuyo.*

MIS PASOS A SEGUIR

germán ortíz

LA RUTINA DE ENTRENAMIENTO

DEVOCIÓN, COMUNIÓN, CAPACITACIÓN Y MINISTERIO

Uno de los desafíos que los líderes han tenido, es saber desenvolverse en medio de la tensión que implica alcanzar los objetivos propuestos, por un lado, y satisfacer las necesidades de su equipo, por el otro.

Las largas travesías suelen complicar el cumplimiento de los objetivos propuestos por no contar con los recursos necesarios para satisfacer las necesidades del grupo. Por ejemplo, un grupo que corre desprovisto del atuendo adecuado, sin formación apropiada o relegada del protagonismo, puede fracasar en sus objetivos. Y si todo eso está plantado en personalidades inmaduras, puede derivar en rebeldía. Es responsabilidad del líder responder a esas necesidades para que los miembros del equipo con necesidades satisfechas colaboren para alcanzar en unidad los objetivos propuestos.

Metafóricamente hablando, toda persona que desee permanecer en movimiento en el camino sin claudicar, debe comer, hidratarse, entrenar, ser capacitado adecuadamente y ser considerado como un elemento valioso a la hora de realizar la tarea. Trataremos de desentrañar estos problemas y ver qué tienen que ver con nuestra realidad ministerial.

COMIDA – ALIMENTADOS EN LA DEVOCIÓN

Ninguna aventura que se precie de ser tal deja a los integrantes de un equipo la responsabilidad absoluta de conseguir sus propios víveres. No se puede responder a la necesidad de alimentación diciéndoles: «*Vayan y cómprense algo*» o con un simple «*No hay más*». Los líderes no pueden darle la papilla en la boca, pero sí son responsables de que la gente a su cargo esté bien alimentada.

El apóstol Pablo suele hacer metáforas alimenticias para describir la práctica de la vida devocional. Debemos alimentarnos en nuestra relación con Dios, porque cuando perdemos este saludable hábito, la desnutrición empieza a dejar huellas que se notan en nuestra conducta y aún en nuestro semblante. No te alimentes de los pensamientos de tu Señor y pronto tus pensamientos se desvariarán.

Cuando no nos alimentamos de sabiduría celestial se nos cruzan pensamientos animalescos (Santiago 3:13-18). Tu equipo debe alimentarse bien en la vida devocional, en la instrucción bíblica que da respuestas a los problemas cotidianos de la vida. La fe debe responder a las necesidades básicas del ser humano. La Biblia dice que la palabra de Dios es viva y eficaz (Hebreos 4:12), lo que implica que sabe dar respuesta a las cuestiones prácticas del día a día. Para que eso ocurra será necesario conocerla, interpretarla y aplicarla. Los líderes deben promover ese ejercicio de reflexión y búsqueda de revelación entre sus tripulantes.

No podemos hambrear al equipo y luego exigirles el máximo rendimiento. Cada uno será responsable de hacer su búsqueda personal, de buscar a Dios en lo íntimo de sus cuartos, pero los primeros promotores de eso debemos ser nosotros.

La palabra de Dios debe ser enseñada, reflexionada y su aplicación debe ser discutida entre los integrantes del grupo.

¿Cómo crezco en mi relación con Dios? ¿Cómo me convierto en un mejor empleado? ¿Cómo puedo ser un mejor empleador? ¿De qué manera puedo vivir un noviazgo conforme al corazón de Dios? ¿Cómo hago para honrar a mis padres? ¿Cómo formo mi familia según los principios del Reino? ¿De qué manera respondo a mis obligaciones como ciudadano? ¿Cómo soy un testigo fiel de Cristo en cada lugar donde me muevo? Estas son preguntas que deben responderse en enriquecedores encuentros en comunidad. Los líderes conducimos al equipo a la experiencia genuina con nuestro Dios para que Él nos alimente con su palabra. Si no lo hacemos, pronto todos sufrimos las consecuencias.

La conformación de un equipo debe contemplar este elemento. Quienes dirigimos equipos debemos, por lo menos, mostrar interés por esta cuestión: ¿Cómo está tu relación con Cristo? ¿Estás charlando con alguien sobre las cuestiones íntimas de tu vida? Esas y otras preguntas deberían hacerse de manera periódica. Es el interés del líder por la salud espiritual de su valiente equipo. Es su responsabilidad frente a ellos y frente a su Señor.

ABRIGO – REFUGIADOS EN LA COMUNIÓN CON LOS HERMANOS

¿Dónde encuentran refugio los miembros de tu grupo? Los estímulos frente al espejo son un lindo ejercicio de autoayuda pero pronto pierden efecto si no encuentro la palabra cálida de un semejante.

En el grupo se debería tener el compromiso de cuidar unos de otros. Los líderes tienen como parte de su tarea fortalecer el vínculo, la cooperación y la ayuda mutua. Deben promover el amor desinteresado y el perdón. Por el propio bien del equipo y por amor a la tarea propuesta.

CADA VEZ QUE ATENTAMOS CONTRA LA UNIDAD, ATENTAMOS CONTRA LA MISIÓN

Siempre que los pleitos reinan, cuando no podemos poner orden en nuestras relaciones, los enojos amargan nuestro corazón, el rencor siembra amargura y nos produce heridas en lo más profundo de nuestro ser. Ya lo dijo Jesús en los tiempos que hablaba parado sobre el pequeño bote a la orilla del mar de Galilea:

«Yo les he dado la gloria que me diste, para que estén unidos, así como nosotros estamos unidos, yo unido a ellos y tú unido a mí. Permite que ellos lleguen a la perfección en la unidad, así el mundo reconocerá que tú me enviaste, y que los amas a ellos tal como me amas a mí». (Juan 17:22-23).

Cada vez que atentamos contra la unidad, atentamos contra la misión. No hay vueltas. Los líderes trabajan por la comunión integral de los miembros del equipo. Proponen encuentros, salidas por restaurantes, pizzerías y hogares que hacen de puestos de reabastecimiento; trabajan por la relación y la convivencia, porque si no lo hacen, la salud misma de sus jóvenes pronto se ve afectada y la misión se pone en riesgo.

Paolo y yo nos unimos en oración por cada ministro de Cristo en este continente, por la unidad de todos los tripulantes de esta flota a la que llamamos ministerio juvenil.

CAPACITACIÓN – RECIBIENDO INSTRUCCIÓN PARA RUTAS ESPECÍFICAS

¿Sabe tu equipo a qué desafíos se enfrenta? ¿Conoce qué ruta es la que se encuentra caminando? Los equipos deben ser capacitados. Nadie puede dar ni obtener todas las respuestas, pero podemos hacer lo mejor que esté a nuestro alcance. Cada equipo trabaja con jóvenes o adolescentes de distintos lugares de nuestro continente, tienen edades diferentes, situaciones diversas, contextos variados, culturas específicas, un tiempo particular en el que viven. Los equipos deben reflexionar sobre esto, considerando cómo crecer en el conocimiento de lo que enfrentan, buscando recursos apropiados para servir mejor, comprendiendo cómo usar mejor los recursos con los que ya cuentan.

Los equipos no capacitados tienen pocas posibilidades de prevenir contingencias, toman acciones inapropiadas, descuidan detalles que no deberían descuidarse; dicen cosas a sus adolescentes o jóvenes que no deberían decirse, dejan de decirle aquello que debería ser dicho, no tienen la actitud correcta, implementan inapropiadamente ciertas herramientas y desconocen otras que podrían usar.

Los buenos líderes trasmiten toda su experiencia, no se guardan nada, son generosos a la hora de comunicar todo lo que saben y lo que ya han vivido; y cuando algo no lo saben, se guardan el orgullo en el bolsillo, buscan alguien que brinde esa capacitación y luego se sientan junto con la tripulación a aprender.

En la agenda de encuentros con el equipo, debe estar reservado el tiempo para la capacitación. Puede ser brindada por el líder, puede tener formato de mesa redonda de reflexión, puede incluir debates sobre textos de todo tipo relacionados con diversos temas de la juventud y la adolescencia, discusión y análisis sobre la realidad concreta de los muchachos y chicas con los que se trabaja, investigaciones distintas con materiales obtenidos de bibliotecas o de Internet y, por supuesto, también pueden traerse a especialistas o personas de mayor experiencia o formación en diversos temas relacionados.

Podemos generar encuentros como jornadas o retiros para brindar la capacitación necesaria o podemos recurrir a los ya existentes como los que ofrece e625 u otras organizaciones. En mi caso particular, he promovido que mi equipo, o parte de él, participe de encuentros como las Cumbres de e625. Desde hace ya algunos años, e625 ha puesto a funcionar institutos de liderazgo juvenil y más recientemente de liderazgo generacional. Cientos de líderes han apartado tiempo para formarse y reflexionar junto a distintos maestros sobre las cuestiones referidas a la misión y a los jóvenes a los que servimos en nuestro continente. Además, esta organización genera otros espacios de capacitación ya sea en su expresión internacional o a través de sus oficinas nacionales en la mayor parte de nuestro continente.

VALORACIÓN DE LA TAREA – HACIENDO A TODOS Y A CADA UNO PROTAGONISTAS DEL MINISTERIO

¿Qué participación tienen los chicos en la tarea y en la toma de decisiones? En este punto se presenta una tensión entre la participación y la autoridad. Una tensión que no es sencilla de manejar, que implica todo un desafío, pero que deberá ser atendida si se pretende trabajar apropiadamente en equipo.

Lo primero que ayuda a trabajar esta tensión es el oído abierto del líder. Los tripulantes deben tener la tranquilidad de que existe la disposición de escucharlo todo, sean propuestas o quejas. Deben tener la sensación de que nada resultará escandaloso o inapropiado, que todo será considerado y analizado, pero no todo implicará un cambio en la implementación. Esa es una prerrogativa, un deber y un derecho, de quienes tengan la responsabilidad última, ya sea un líder o pastor, o una mesa directiva u otro órgano de autoridad semejante.

La única salvedad que haría a este principio está referida a la murmuración. Frente a conflictos entre integrantes de un grupo, mi proceder es procurar que no lleguen acusaciones a mi oído que no hayan tenido un primer intento de resolución entre los miembros. Claro que, aun así, siempre estoy expuesto a recibir a alguien que viene a contarme lo mal que otro se porta cuando no lo veo, pero de ser así detengo la conversación y promuevo que intente tratar, en primera instancia, su diferencia con la persona en cuestión y me ofrezco para un segundo momento, si esto no pudo ser resuelto. Tengo la férrea convicción de que los principios de Mateo 18:15-17, no están escritos por casualidad y están dichos por Jesús con la intención de que sean respetados.

Dicho todo esto, debe tenerse en cuenta que parte de nuestra tarea como capitanes es generar participación y valoración del aporte de todos y cada uno. A continuación, algunos consejos que me resulta interesante compartir con ustedes:

1. **Diez felicitaciones mejoran la comunicación de una corrección.** Parte de nuestra tarea es corregir, pero esto no se puede volver el deporte favorito del capitán. La afirmación es fundamental para hacer un aporte importante en la formación del carácter de los miembros de la tripulación.

2. **Ama, corrige, ama.** La corrección debe estar introducida por la afirmación del amor en el comienzo de la charla y por la promesa de amor incondicional al cerrar la misma.

3. **Escucha las dificultades de la tarea sin minimizarlas.** Los problemas son problemas en tanto y cuanto se vean como problemas. Yo puedo ver su resolución como algo sencillo, pero no siempre es así para quien es parte del conflicto. La contención emocional por medio del abrazo

y el oído atento habilita la segunda instancia de proponer soluciones. Es un error ridiculizar la problemática.

4. **No rechaces una propuesta a menos que sea estrictamente necesario.** Acompañar propuestas es una de las maneras más prácticas de generar buen clima y valoración. Pocas sensaciones son más hermosas que cuando se te aprueba algo que propones. A veces nuestro rechazo es únicamente porque no es como lo haríamos nosotros. En mi vida he resistido un par de propuestas porque no me parecían apropiadas. Fue porque no coincidía con la ética o porque entendía que podría derivar en un golpe demasiado duro para el joven o para el grupo. Pero me he propuesto no rechazar algo que se me proponga sino tengo una muy, muy, muy clara y buena razón.
5. **Da participación en la lectura de problemáticas, necesidades, temas a abordar y estrategias a implementar.** No te apresures a desestimar o menospreciar la idea. Anota todo y luego ora. Busca que el Espíritu de Dios te oriente y toma tu decisión en reflexión y oración. Luego comunica con humildad, amor y firmeza lo que tú o la mesa que está en autoridad ha decidido.
6. **Brinda participación a todo joven en los procesos o encuentros de evaluación.** Procura un encuentro o una encuesta para evaluar actividades o procesos. Promueve una participación amplia de todos los miembros de la tripulación. Esta es una medida más que importante y valiosa para la tarea y para reafirmar el rol de cada uno de los miembros del equipo.
7. **Valora y honra los llamados, dones, talentos, capacidades y perfiles de cada uno de los miembros de tu tripulación.** Te animo a considerar todos estos elementos y resaltarlos en lo íntimo y en lo público. Aun cuando debemos recordar que nadie debería trabajar por el aplauso

humano, nos toca a nosotros aplaudir a cada uno de los miembros de nuestro equipo.

8. **Ten cuidado de asignar tareas por llamado y no por necesidad o interés personal.** La mayoría de las veces, la tarea de la iglesia se realiza con voluntarios, pero es responsabilidad del líder procurar que éstos respondan a un llamado celestial. Cuando las tareas son realizadas como favor o por obligación suelen ser realizadas con desgano y frustración. Dice Norberto Saracco: *«No hay ministerio sin ministro»*. Si queremos que una tarea sea realizada, debemos comenzar por orar para que nuestro Dios llame y capacite con dones a la persona que Él considera apropiada.

9. **Planea celebraciones de fin de año o de cierre de actividades.** No somos tan solo máquinas productoras. Como Nehemías, debemos aprender a celebrar los logros con inmensa alegría.

El equipo debe tener su tiempo para desarrollar las cuestiones concretas y diarias que refieren a todos los aspectos del ministerio. Esto atiende problemáticas pero también brinda capacitación y aporta a la formación del carácter, y si da lugar a la oración en la búsqueda de la dirección de Dios para resolver esos temas, también afianza la vida devocional.

DEVOCIÓN, COMUNIÓN, CAPACITACIÓN Y MINISTERIO

Estos son los cuatro elementos que acabo de tratar. Nutridos en la devoción, abrigados en la comunión entre los hermanos, capacitados para enfrentar la misión y ocupados en resolver las cuestiones propias del ministerio.

Estos componentes también son parte de la tarea de discipular. Son un aporte significativo para la formación del discípulo porque componen todos los elementos de la vida de aquel que desea seguir a Cristo. Si el equipo está bien alimentado, abrigado, capacitado y atento a su llamado, estará en condiciones más que propicias para llevar adelante su misión durante el trayecto.

MIS PASOS A SEGUIR

PASOS CONSTANTES

paolo**lacota**

LA TAREA DE MOVERNOS

No sirve de mucho recolectar datos, hacer mapas, o conocer la realidad que necesitamos cambiar, si no hacemos algo al respecto. Nos quedamos en la etapa del diagnóstico sin el remedio. Nos quedamos iguales. Nos quedamos en el punto de partida.

Ya tienes la visión y la misión definidas, el equipo seleccionado y motivado, las tareas distribuidas. Ahora es momento de empezar a correr. La espera terminó. El plan se pone en acción. Es tiempo de la experiencia del camino. Terminaron las historias de terceros, de las anécdotas de generación en generación. Es hora de vivirlo en carne propia. De ver y oír lo que Dios preparó para tu equipo. Es hora de mover esos músculos.

El entusiasmo inicial es inminente, pero lo importante en la travesía es mantenerlo en constante crecimiento, y en este punto es fundamental la actitud y la mentalidad del líder.

El solo hecho de pensar que Dios nos conoce como nadie y que sabe todo lo bueno y lo malo acerca de nosotros, incluso lo que no saben nuestros padres, nuestro cónyuge o nuestros amigos, ni siquiera nuestros líderes, y aun así nos ama, nos acepta y nos invita a que seamos parte de sus planes y propósitos... ¡¡es una verdad liberadora!!

Este entendimiento debería cambiar totalmente nuestra cosmovisión como líderes y llevarnos a incorporar algunas características que deberían ser trasmitidas a nuestros equipos a lo largo de la travesía.

TEN POR SEGURO QUE TENDRÁS MOMENTOS DE INCERTIDUMBRE

Ni bien tengas unos cuantos kilómetros recorridos querrán sobrevenir algunos pensamientos a tu mente, como: *«sin apoyo no podemos seguir avanzando en el ministerio, ni siquiera hay presupuesto»*, o *«los lugares que queremos alcanzar son muy difíciles, no vemos cambios»*, y también *«los jóvenes exigen que seamos ejemplos todo el tiempo, tengo miedo a equivocarme»*. Pero deja que la promesa que Jesús nos hizo, registrada en Mateo 28:20, aliente tu corazón: «... *estaré con ustedes siempre, hasta el fin del mundo*».

¿Qué aparece en tu mapa ministerial? La presencia de temor no indica que carezcas de fe. El temor nos visita a todos. Tan solo cerciórate de que el temor sea un visitante, no un invitado permanente.

Ni bien des los pasos iniciales en tu ministerio y empieces el movimiento rumbo al propósito de Dios, ten por seguro que tendrás momentos de incertidumbre, frustración y temor que tratarán de desviarte del destino o dejarte a mitad del camino.

Pero es ahí donde estas cualidades que vamos a compartir en este capítulo te mantendrán en movimiento y en la ruta correcta rumbo a la meta trazada.

ENTUSIASMO INALTERABLE

Podemos tener un buen y motivante inicio, pero es más importante cómo se termina que cómo se empieza. Puedes enfrentar los desafíos y avanzar confiando en Dios y eso se logra solo con un entusiasmo inalterable. *«Nunca nada grande fue concebido sin entusiasmo»*, dijo Ralph Waldo Emerson.

Un líder consistentemente entusiasmado siempre está un paso adelante, genera espacios creativos y provee la motivación necesaria para el crecimiento continuo. El entusiasmo es clave en la vida del líder y su equipo, porque será una característica que no da lugar a lo rutinario y que contagiará al resto de los integrantes.

La raíz de la palabra entusiasmo proviene de dos palabras: «en» y «Teos», que significan: «Dios adentro». Si Dios vive dentro de nosotros, tenemos que ser entusiastas.

Pero ser líderes entusiastas va mucho más allá de emociones del momento. Es una responsabilidad que se asume desde el principio y que no tendrá fin. Es lo que marcará el rumbo cuando todo va bien, y lo que marcará la diferencia cuando surjan las complicaciones.

La verdad es que nuestro grupo debería ser ese brasero que nos enciende, esa fuente de energía, ese calor que nos abriga y que nos reúna a todos como si fuera la fogata de la tribu. Un lugar de terapia, un espacio de autenticidad, de desarrollo, de confesión, de educación, de afecto, de ánimo, de correcciones y de contención. Debería ser una prioridad. Pero para ello se necesita echar leña al fuego, de lo contrario, sólo tenemos cuatro frías paredes para reunirnos como otra actividad social más los fines de semana.

Por eso es vital entender que emprendemos esta aventura de servir a Dios por «asignación» de Dios y no solo porque nos emocionamos en alguna reunión o en alguna actividad. Cuando tenemos claro que hacemos lo que hacemos por pura gracia y misericordia de Dios quien, aun conociéndonos como nadie, nos ama, acepta e invita a ser parte de su equipo, no puede no haber una reacción que no esté llena de entusiasmo y agradecimiento, que nos mueva, y que nos encienda.

Recuerda: «*No servimos a Dios porque calificamos, sino porque fuimos perdonados*».

Y esta correcta actitud consistente se mantendrá creciendo, porque sabemos que Dios nos asignó una tarea, una misión. Y que eso no depende de si tenemos ganas o no, o que nos mantendremos ellas solo si nos sentimos bien o no, ni tampoco será por los resultados. Nos mantendremos firmes cuando las cosas vayan bien, y nos fortaleceremos en el Señor, en la oración, en la búsqueda apasionada, y en la comunión con otros hermanos en la fe, cuando las cosas se compliquen.

Pablo lo decía con las siguientes palabras: *«Por ello, vístanse de toda la armadura de Dios para que puedan resistir en el día malo y así, al terminar la batalla, estén todavía en pie». (Efesios 6:13)*. Justamente su vida (la de Pablo) es un fiel reflejo de un líder que siempre mantuvo la actitud correcta, sin importar las condiciones o las situaciones que lo rodeaban.

Cuando va finalizando el capítulo 18 del libro de los Hechos se narra el momento en que Pablo comienza su tercer viaje misionero. En este punto de la historia no estamos hablando de un novato, o de uno que recién empieza su ministerio con mucho entusiasmo. En este momento Pablo ya era un hombre experimentado y curtido en los asuntos del ministerio. Ya había pasado por momentos de adversidad extrema, pero nada alteraría esa pasión que cada día se encendía más en su corazón para cumplir con la misión que le había sido encomendada.

Cuando inicia el capítulo 19 del libro de los Hechos, Pablo llega a la ciudad de Éfeso y se encuentra con cierto grupo de discípulos con quienes comparte un tiempo. Los versículos 8 al 11 relatan el siguiente episodio:

«Durante los tres meses siguientes Pablo estuvo visitando la sinagoga; y proclamaba abiertamente el reino de Dios. Pero como muchos no querían creer y maldecían el Camino públicamente, Pablo decidió no predicarles más. Separó entonces a los creyentes y comenzó a discutir diariamente en la escuela de Tirano.

Así continuó durante los dos años siguientes. No quedó en la provincia de Asia un solo judío o griego, que no escuchara la palabra del Señor. Dios hacía grandes milagros por medio de Pablo».

Aunque tuvo oposición y encontró obstáculos en la tarea que estaba realizando, Pablo enfocó sus energías en aquellos que sí estaban deseosos de seguir aprendiendo del Señor, y se apartó con este grupo de discípulos y les enseñó por dos años, hasta que vio que la palabra de Dios se expandió a todos los que vivían en Asia y en esa región, y no cesó de hacerlo hasta ver que Dios hacía milagros extraordinarios entre ellos.

¿Pudo este proceso cortarse en medio de la oposición inicial? ¿Qué marcó la diferencia? Definitivamente su actitud y su entusiasmo inalterable a lo largo de toda su carrera lo llevaron a ser un líder que dejó huellas imborrables en su equipo de discípulos y en aquellos que lo conocieron. Esta escena de la vida de Pablo trae a mi mente las palabras del Dr. Myles Munroe, quien, haciendo referencia a lo impactante de la actitud de un líder, decía:

No hay nada tan poderoso como la actitud. La actitud dicta su responsabilidad en el presente y determina la calidad de su futuro. (...) La actitud le crea su mundo y designa su destino.

Continúa diciendo que la actitud *«es la más poderosa distinción de la vida, más que la belleza, el poder, el título o la clase social. Es más importante que la riqueza y puede mantenerlo pobre. Es el siervo que puede abrir las puertas de la vida o cerrar los portones de la posibilidad. Puede cambiar lo feo en bonito y la sencillez en algo atractivo».* [8]

LA TAREA DE UN BUEN LÍDER NO SOLO ES MOTIVAR, SINO EQUIPAR

La actitud del líder influenciará la conducta del equipo. Juntos forjarán cualidades distintivas que se verán reflejadas en la elaboración de contenidos, en la confianza mutua, en la coherencia y en la constancia en todo lo que se realiza. Y nada mejor que continuar en esta aventura de llevar las buenas noticias de Jesús a las nuevas generaciones con la actitud correcta, sabiendo que somos parte del mejor equipo jamás soñado, y que la cabeza de todo es el capitán de capitanes: Jesús.

ENTRENAMIENTO CONSTANTE

El entusiasmo marca la diferencia, pero la tarea de un buen líder no solo es motivar, sino equipar. El liderazgo se aprende, se desarrolla. Esto requiere: capacitación, inversión, actualización, disciplina, enfoque, trabajo arduo y determinación.

Una cualidad distintiva de un buen líder es que es enseñable. Su vida es un aprendizaje continuo que durará toda la vida. Si esta virtud se convierte en un valor que define al equipo, entonces tendremos personas que siempre estarán con el ánimo de seguir creciendo, invirtiendo, aprendiendo y de mantenerse en constante movimiento.

---

8 Dr. Myles Munroe. *El espíritu de liderazgo.* Whitaker House. New Kensington, PA. 2005 (p. 31)

De hecho, cuando dejamos de aprender, dejamos de crecer. Aprender es como remar contra la corriente; cuando dejamos de hacerlo, no solo nos estancamos, más bien retrocedemos. Aprendizaje continuo es ir trabajando todas las áreas de nuestras vidas para ser cada vez mejores para Dios y para los que nos rodean.

Mi querido amigo Josh Morales, voz líder de la agrupación musical Miel San Marcos, menciona que: *«Hay débiles no por falta de pan sino por falta de hambre»*. Y esto es algo que ni el líder ni el equipo tiene que perder: el hambre. Hambre por seguir aprendiendo, por conocer más a Dios, por crecer, por mejorar y por ayudar a los demás a llegar a su destino.

Hace dos décadas comenzamos a trabajar con nuestro equipo de jóvenes. Algunos de los integrantes eran adolescentes y otros jóvenes solteros cuando llegaron a nuestro grupo. Con el correr del tiempo se casaron, algunos tienen hijos y todos son hoy líderes principales de nuestro grupo. Además de las capacitaciones y entrenamientos que forman parte de la dinámica de vida de nuestra iglesia, la mayoría de ellos ha participado de capacitaciones en liderazgo por más de quince años continuos en viajes conmigo y mi esposa Karen.

Esto se ha convertido en una plataforma de edificación y equipamiento para nuestro grupo de líderes porque responde a las necesidades fundamentales que enfrentan cada uno de ellos. Pero, por supuesto, el inicio no fue nada sencillo. Recuerdo perfectamente el primer año que decidimos desafiarlos a viajar a Argentina para una capacitación especializada. Con Karen les habíamos extendido la invitación a que nos acompañen en ese viaje a la primera convención de liderazgo juvenil que se realizaría en aquel país. Pero la mayoría de ellos respondió de manera negativa, alegando que este viaje superaba sus posibilidades económicas y que les resultaría imposible invertir en eso. Una vez que todos se retiraron nos quedamos con mi esposa mirándonos, sin palabras.

Pero antes de regresar a nuestro hogar, decidimos orar y entregarle al Señor nuestro deseo de crecer como equipo para los desafíos que sabíamos que Él nos permitiría vivir más adelante.

Durante la siguiente reunión volvimos a extenderles la invitación, pero también elaboramos una serie de ideas sobre cómo ahorrar y recaudar fondos y se las entregamos. De un momento a otro en aquella reunión uno a uno empezaron a aceptar el desafío y fue así que de a poco comenzaron a organizarse, a trabajar y a concretar el anhelo de capacitarse internacionalmente cada año.

Luego de tantos momentos, de tantos milagros financieros en algunos casos, hoy ellos son los que desafían a sus jóvenes a creer en su llamado, a invertir en su preparación y a seguir creciendo cada día.

Como ninguna inversión en el reino vuelve sin resultados, hoy es justamente este mismo equipo el que organiza las mayores y más influentes capacitaciones para líderes de nuevas generaciones del Paraguay. Y todo comenzó con una simple invitación, que se convirtió en un desafío, que pronto fue una meta planificada, y hoy es un estilo de vida en nuestro equipo.

Por eso creemos firmemente en esto: invertir en el desarrollo y entrenamiento del equipo a través de temáticas juveniles es fundamental, ya que lo mantendrá motivado, en crecimiento espiritual y enfocado en la visión.

Este proceso requiere de tiempo y preparación. La frustración muchas veces se presenta cuando queremos lograr las cosas instantáneamente. Cada caso es muy peculiar. Cada equipo tiene sus propias características y necesidades. Cada contexto es diferente. Pero todo equipo necesita ser desafiado a creer y a accionar, a buscar maneras de crecer y capacitarse.

No necesariamente un equipo tiene que viajar a otro país a capacitarse, algunos tendrán la oportunidad, para otros será definitivamente muy complicado. Pero lo importante es que cada equipo necesita desarrollar la autogestión y convertirse en autodidacta.

La constancia y determinación en el líder es clave para poder impregnar este pensamiento en el equipo. Recuerda: *«Ayudar a la gente es bueno, pero entrenarla es mejor»*.

Nuestra tarea como líderes va más allá de simplemente ayudar a la gente: nuestra responsabilidad es capacitarla y entrenarla para que puedan crecer en aquello que Dios los llamó a hacer, y así orientar todo lo aprendido a servir a los demás.

COMPROMISO INNEGOCIABLE

«El talento gana juegos, pero el trabajo en equipo y la inteligencia ganan campeonatos», dijo Michael Jordan, considerado el mejor basquetbolista de todos los tiempos. Otro gran legendario jugador de la NBA, Magic Johnson, afirmó: *«No preguntes qué puede hacer por ti el equipo. Pregunta qué puedes hacer tú por él»*.

¿Notas el patrón común que tienen estos mensajes? En ambos casos se denota que hay un compromiso con el equipo. No están pensando en sus metas personales, sino más bien en el proyecto del equipo. Es muy difícil que a través de nuestro esfuerzo solitario podamos alcanzar grandes sueños y realizar aportes y cambios significativos en la sociedad.

Por otro lado, hay ciertas cosas que podríamos lograr, siempre que no sean muy grandes o no presenten un nivel de complejidad que salga de nuestras manos. Por eso, cuando trabajamos en equipo, y nos comprometemos con la causa común, podemos proyectarnos para alcanzar grandes objetivos.

El compromiso y la riqueza del trabajo solidarizado evita que nos degastemos, pues todos compartimos la carga y la visión. Además, nos permite llegar a otras personas y cumplir los objetivos, aunque nos ausentemos en algún momento.

El compromiso con el equipo y con la causa que nos une no me hace capaz de realizar la tarea, pero sí me hace responsable de cumplir mi parte sin importar que no todo sea como se espera.

Cabe destacar que asumir el liderazgo implica un deber moral, social y espiritual, además de la responsabilidad de enseñar y capacitar a la gente para que, a través del compañerismo, del trabajo coordinado y del entrenamiento esforzado y suficiente, se puedan alcanzar los objetivos fijados.

Siempre el compromiso comienza con uno mismo y luego con el tiempo se contagia a los que te rodean. El compromiso nace con tu historia, con tu génesis. Se forja con tus primeros pasos y se fortalece en el caminar a medida que vayas avanzando. Así ocurrió con nosotros cuando decidimos dar los primeros pasos en servir a Dios.

Cuando tomamos la decisión de servir al Señor e involucrarnos en el ministerio siempre estamos antes una disyuntiva de pensamientos en la cual algunos se frenan creyendo que no pueden hacer mucho o que no tienen demasiado que ofrecer. Y aunque haya mucho de realidad en esto, *podría ser que no tengas mucho que ofrecer, pero seguro* **sí** *tienes a qu***é** *renunciar*.

Todos en algún momento nos encontramos ante esta situación, y fue así con nosotros. Cuando con Karen nos preparábamos para casarnos hace veinte años, estábamos decidiendo involucrarnos en el ministerio y sabíamos que era una decisión que requería un compromiso firme que debería ser estable a través de los años. Pero en ese momento en que nuestro proyecto de vida aún estaba en construcción, ambos trabajábamos y estudiábamos y prácticamente todos nuestros ingresos eran invertidos en nuestros estudios y sentíamos que no podíamos hacer grandes aportes para la obra de Dios. Pero conversamos y nos pusimos de acuerdo, y aunque sí era real que no teníamos mucho que ofrecer, sí podíamos renunciar a algunas cosas. Así que tomamos la decisión de renunciar a nuestros sábados por la tarde. Nos comprometimos a sembrar en la obra todos nuestros sábados de tarde y sabíamos que el compromiso afectaría las próximas décadas de nuestras vidas juntos, y así ha funcionado. No teníamos demasiado para dar, pero contábamos con nuestros sábados por la tarde y así fue que renunciamos a nuestros tiempos de paseos por los centros comerciales, cine o cualquier otra cosa que pudiéramos hacer un sábado en la tarde. De lunes a viernes trabajábamos y estudiábamos, el sábado a la tarde lo dedicábamos al ministerio y el domingo era nuestro día de descanso.

Han pasado veinte años y, si no estoy viajando o no estamos viajando juntos, no nos van a encontrar en otro lugar que no sea en un aula enseñando la palabra de Dios a un equipo de líderes en nuestro grupo de discipulado. Cuando comenzamos a hacerlo nuestro equipo de líderes estaba conformado en su mayoría por adolescentes; hoy son adultos, gran parte de ellos casados con hijos, y hemos visto cómo también han abrazado un compromiso similar de estar firmes discipulando, y casi todos ya lo están haciendo desde hace más de una década. Y lo mejor de todo es que podemos ver cómo la palabra de Dios funciona, sigue cambiando vidas y hoy no solo lo vemos reflejado en sus vidas, sino que también en la vida de sus hijos. Esto nos lleva a agradecer a Dios por ver cómo cientos de familias son bendecidas por un pequeño grupo de líderes que se comprometieron y abrazaron la causa de Cristo. Y, aunque a veces nos encontramos en tramos escabrosos y cuesta arriba, podemos ver la mano de Dios en todos los detalles.

RESISTENCIA A LA PRESIÓN

Los equipos que trabajan para hacer bien las tareas y para mantenerse en constante crecimiento deben incluir en la ecuación que, en ocasiones, trabajarán bajo presión.

Tener un equipo que se desarrolla, que asume desafíos de fe y que busca realizar sus tareas de la mejor manera sin tener que soportar momentos de presión, es como pararse debajo de la ducha, abrirla, pero no querer mojarse... ¡resulta imposible!

La presión es parte de la vida y más cuando se trata de equipos emprendedores: estará a la orden del día. Siempre que el equipo esté activo en la construcción de los proyectos trazados sentirá la presión y tensión que conllevan esos desafíos. Por eso es importante el manejo correcto de la presión dentro del equipo y no permitir que la ansiedad, el perder los estribos y el nerviosismo hagan mella en las personas, atascándolas en los tramos fangosos de la frustración.

En el trabajo de liderar a las nuevas generaciones hay fatiga, hay riesgos y temor en algunos trayectos. Pero la presión se puede usar a favor, para llevar al equipo a trabajar más duro, más enfocado y, de esta manera, los temores y ansiedades conducirán a una unidad más fuerte y por consecuencia a un mejor rendimiento. Esto se logrará si la visión se mantiene clara y se sustenta en los puntos anteriormente mencionados.

NO SUBESTIMAR LO PEQUEÑO

Recuerdo que hace unos años participé en un foro de líderes en la ciudad de Guatemala, compartiendo sobre actividades que impactan a la juventud. Me sorprendió escuchar que la mayoría de los que hacían preguntas entre los participantes siempre tenían un grado de frustración porque no tenían recursos para realizar un gran evento. Comentaban cosas como que no podían rentar un estadio, o colocar pantallas led en sus eventos, que les gustaría hacer grandes convocatorias pero que no había recursos ni apoyo de parte de la iglesia para semejantes inversiones.

Aunque es verdad que los eventos de mayor alcance multitudinario y logística son importantes y cumplen con determinados objetivos, no debiéramos perder de vista los eventos que realizó Jesús en el tiempo de su ministerio. Si bien es cierto que alimentó a los cinco mil y estuvo compartiendo en otros momentos con grandes multitudes, los evangelios destacan otro tipo de acontecimientos que fueron más que eso: fueron momentos que activaron un proceso:

- La cena en la casa de Zaqueo.
- La conversación con la mujer samaritana al borde de un pozo artesiano de agua, al mediodía bebiendo un poco de agua y dialogando.
- La última cena con sus discípulos.
- El desayuno con Pedro, luego de la negación de éste.
- La caminata rumbo a Emaús con Cleofás y otro compañero.

Y hay otros tantos encuentros que por más que parecían no ser tan importantes, cambiaron el destino de esas personas y en algunos casos de ciudades enteras.

El Señor siempre le prestó especial atención a las pequeñas cosas. Una honda y cinco piedritas. Gedeón y los trescientos en lugar de un ejército de miles. El pastor que fue a buscar a una oveja y dejó a las noventa y nueve. La semilla de mostaza. La moneda perdida. El muchacho que permitió la alimentación de multitudes con cinco panecillos y dos peces. La viuda que puso dos moneditas en la caja de ofrendas. ¿Y qué mejor ejemplo que este? El Salvador del mundo naciendo en un pueblito diminuto llamado Belén, en un establo olvidado, y acostado en un humilde pesebre.

Definitivamente hay pequeños detalles que Dios hará con tu vida y liderazgo que no necesariamente serán grandiosos, pero sí siempre serán valiosos en el Reino de los Cielos.

NO SUBESTIMEMOS EL PODER DE LOS DETALLES POR DIMINUTOS QUE PAREZCAN

Llamar a una persona nueva, organizar una merienda de integración, un café con alguien que visitó el sábado anterior el grupo de jóvenes por primera vez, la decoración del salón para la reunión general, visitar a adolescentes convalecientes en un hospital, hacer tarjetas de bienvenida para cada joven que llegará al grupo, y tantas otras cosas más que, aunque parecieran ser solo pequeños detalles, tienen todo el potencial de marcar una vida y su destino en Dios.

Por eso, no podemos subestimar el poder que hay en una pequeña semilla, porque no sabemos cuántos frutos saldrán de ella. No subestimemos el poder de los detalles por diminutos que parezcan, porque bien realizados podrían acarrear grandiosas sorpresas.

Recuerda: *«Pequeños comienzos, bien hechos, desembocarán en grandes resultados»*.

LA EXCELENCIA COMO NORMA

Jim Collins decía con gran acierto que: *«Lo bueno es el enemigo de lo mejor»*.

Y en esta tarea de movernos hacia lo que nos hemos propuesto en el liderazgo, necesitamos ordenar nuestras prioridades, enfocarnos y todavía ser más intencionales y certeros en cuando al movimiento y crecimiento, tanto personal como del equipo. Por supuesto, este no es un camino fácil, de hecho será de los tramos más complicados y probablemente más frustrantes del camino, ya que la falta de organización, el desánimo, los errores y las limitaciones que se pueden enfrentar en cuanto a entrenamiento y apoyo al ministerio, nos pueden llevar por trayectos potencialmente fangosos para nuestras aspiraciones de crecimiento y mejora continua. Doug Fields menciona al respecto que *«la mayoría de los trabajadores juveniles no están preparados para tratar con realidades del ministerio profesional»*. Continúa diciendo que *«aprendemos mientras trabajamos y oramos para tener más éxitos que errores»*. [9] Agrega que la curva de aprendizaje en el ministerio va directo hacia arriba y que todos tenemos mucho que aprender. Ten paciencia y anima a los demás. Únete al equipo de aprendizaje y sé parte de aquellos que están dispuestos a organizarse, planificar y hacer lo mejor que pueden con lo que tienen.

Por eso, una vez que hayas recopilado toda la información y hayan trabajado acerca de todas aquellas aristas que mencionamos en los capítulos anteriores, es el momento de trabajar con la mayor objetividad posible. No te dejes llevar solo por el entusiasmo inicial, es muy probable que esto no sea suficiente, ya que habrá momentos de presión, desaciertos, desánimo y pocos resultados. Pero más allá de todo esto, tienes que entender que estás en un proceso de aprendizaje y madurez como líder y también junto a tu equipo, por lo tanto es indispensable que puedas definir la dirección de los

---

9 Doug Fields. *¡Ayúdenme! ¡Soy líder de jóvenes!* Editorial Vida. Miami, FL. 2002 (p. 56)

siguientes pasos y determinar concretamente en qué te vas a especializar tú y los miembros del equipo.

¡Seguro hay tanto por hacer que no sabes por dónde empezar! Pero es importantísimo que no trates de hacerlo todo, enfócate en perfeccionar aquello que mejor haces. Y comienza por ahí, y así puedes ir avanzando paso a paso.

El Dr. Lucas Leys dice en el libro «*Asuntos internos*», que escribió junto a Dante Gebel, que es indispensable tener un foco definido de lo que queremos lograr. Sin eso es como decir «quiero ser un buen médico» sin decidirse por una especialidad; es como asegurar «quiero ser un buen futbolista» sin saber si tengo talento para jugar de defensor, en el mediocampo o como delantero. Resulta vital definir el destino específico al que queremos llegar, de otro modo andaremos como de paseo, a la deriva, en la rotonda, luchando contra molinos de viento, y tarde o temprano otros lo notarán.

La mejor manera de ir desarrollándote en aquello que has decidido especializarte es ir haciendo cosas pequeñas, bien hechas. John Maxell lo define así: *«Somos lo que repetidamente hacemos. La excelencia entonces, no es un acto sino un hábito»*.

El apóstol Pablo, escribiendo a los cristianos que estaban en Roma, dijo que Dios nos ha llamado a realizar tareas únicas, por eso debemos orientar bien nuestras fuerzas y especializarnos en ellas (Romanos 12.6).

Algunos consejos que te ayudarán a especializarte:

1. Invierte en tu propio desarrollo personal.
2. Consigue materiales literarios, videos, audios y todo aquello que te motive e instruya acorde a tu campo de interés profesional.

3. Investiga acerca de personas que se alistaron a tu misma carrera y las exigencias que afrontaron en el futuro.

4. Considera las orientaciones vocacionales y las opiniones de tus padres.

5. Asiste a seminarios y conferencias que contribuyan a tu progreso personal y profesional.

Recuerda: en cada área de la vida, necesitamos gente que se especialice para hacer lo mejor para Dios y para los que le rodean. En la música necesitamos un Juan Sebastián Bach, un nuevo Ludwig Van Beethoven. En el arte a Vincent Van Gogh, al nuevo Pablo Picasso. En la tecnología y en las empresas a un Thomas Edison, un Steve Jobs.

A propósito de este último: ¿no te parece curioso que la mayor firma mundial de computadoras haya sido ideada en un garaje de automóviles hace algunos años? Steve nació fuera del matrimonio y fue puesto en adopción, tuvo que dejar la universidad al poco tiempo de ingresar, creó su primera empresa; cuando ésta tuvo éxito y creció lo despidieron de la misma. Sin embargo, después de todos los acontecimientos, trabajó, se enfocó, se especializó, fue excelente en cada cosa que hizo... ¡y cambió al mundo!

¡No lo olvides!... A veces creemos que la excelencia tiene que ver con la calidad y cantidad de recursos que tengamos para hacer lo que nos hemos propuesto. Pero en realidad la excelencia tiene que ver con un estilo de vida y con el tipo de decisiones que tomamos como líderes. Yo podría no contar con un montón de buenos recursos, pero sí hacer las cosas de la mejor manera con lo que tengo a mano. O podría tener los mejores recursos, pero aun así no hacer las cosas con excelencia. Para que se entienda bien el concepto, la excelencia no pasa por lo que tengo sino más bien por cómo me conduzco con lo que poseo, sea mucho o poco. La excelencia tiene que ver con una actitud, con hacer las cosas bien. Con prepararnos y pensar en cada detalle de lo que vamos a realizar y a ofrecer. Como lo mencioné algunas líneas atrás, no podemos subestimar los pequeños gestos, la puntualidad, aquellos detalles aparentemente insignificantes, la atención, la amabilidad, la prolijidad y el amor con el que hacemos lo que nos proponemos hacer.

NECESITAMOS PREPARAR NUESTRA ESTRATEGIA ANTES DE QUE LAS COSAS COMIENCEN A SUCEDER

Ser excelentes es por compromiso no por accidente, esa es la consigna de un equipo que sabe lo que quiere y lo que se necesita para llegar a la meta de la mejor manera. No tiene que ver con que no cometeremos errores y no fracasaremos, sino más bien con tener el carácter firme de volver a levantarnos de la decepción, la frustración y el desánimo cuando esto ocurra.

Hay decisiones que se toman antes de que nos encontremos avanzando en el camino. Necesitamos preparar nuestra estrategia antes de que las cosas comiencen a suceder, anticipando el futuro y entrenando para mantener el equilibrio en cualquier situación que demande una rápida reacción.

Eso fue lo que hizo que un muchacho se convirtiera en un verdadero héroe. Daniel fue responsable, inteligente y precavido, según nos relata la Biblia. Determinó de antemano la actitud y conducta que tendría, y cuando sobrevino una prueba de mucha presión... ¡pudo mantener su norte!

En una jugada épica, de esas que definen y marcan el rumbo de un partido, Daniel jugó al anticipo y, tal como lo registra el libro que lleva su nombre, asumió la siguiente postura: *«Pero Daniel se propuso no contaminarse...». (Daniel 1:8)*.

Él ya sabía cuál sería la táctica y cómo ésta influiría en la nueva y difícil etapa que le tocaría vivir. Era consciente de que a la carrera no la ganaría en la primera curva, sino al llegar a la meta.

Presta atención: lo impactante de la historia de Daniel es que cuando toma esta crucial decisión que marcará el rumbo de su vida y de su liderazgo, ¡tenía quince años aproximadamente! En solo seis capítulos del libro de Daniel se relatan más de setenta años de su vida. Cuando llegamos al capítulo seis, donde es arrojado al foso de leones, ya no es el joven «Dani». A estas alturas de su vida ya es don Daniel, quien ha sido promovido como el hombre de más alto rango en cuatro reinados diferentes. Sin embargo, se mantiene una constante en su vida: Daniel siempre honra a Dios y permanece fiel a sus principios y decisiones. En este viaje de la vida encontramos a Daniel una y otra vez manteniendo su compromiso con Dios en cada episodio que le toca vivir y, aunque probablemente cometió errores y pasó momentos de incertidumbre y decepciones, no claudicó y volvió una y otra vez a mantener el rumbo en su caminar con Dios.

¡Y es que los contratiempos, decepciones, errores y fracasos son parte de la dinámica de vida de cualquier persona que tiene una meta, un sueño, y que está liderando o es parte de un ministerio!

En el libro «*Creatividad, S.A.*» Ed Catmull presidente de Pixar nos comenta acerca del proceso de desarrollarnos y ser creativos, y resalta que: «*fracasar no es un mal necesario*». Sigue comentando que ¡ni siquiera es un mal! Que *«cuando se trata de labores creativas el concepto de cero fracasos no solo es peor que inútil, es contraproducente»*. Sigue relatando que en su experiencia: «*el fracaso es algo saludable porque es una consecuencia natural de la innovación, y que lo que sí es un problema es preferir el camino más seguro antes de arriesgarse a fracasar*». Continúa diciendo que el éxito que ha tenido Pixar no radica en la falta de fracasos, sino en cómo lidia con ellos en etapas prematuras para evitar que se conviertan en grandes tragedias.[10]

Llevando este concepto al plano personal y con la mente puesta en nuestros equipos, nos desafía a trabajar fuertemente para convertirnos en la mejor versión de nosotros mismos, más allá de nuestros errores, fracasos y frustraciones, y colocando a éstos como pavimento en este proceso de madurez, para también ayudar a los que están a nuestro alrededor a lograrlo. Ser mejores no se trata de competir con otros, sino más bien de ser competentes.

DESARROLLAR UN CARÁCTER FIRME

Reflexiona por un momento: ¿qué fue lo que tanto impresionó al rey de estos muchachos? La Biblia nos cuenta que «*los halló diez veces mejores*» que todos los demás de su reino.

La clave radica en que estos muchachos definieron cómo enfrentarían el partido de sus vidas y de su liderazgo aun *antes* de ser promovidos; se determinaron a agradar a Dios sobre cualquier circunstancia que podían enfrentar, y a dar lo mejor de ellos sin importar las circunstancias que debían enfrentar, porque sabían que «riesgos y recompensas» eran las dos caras de una misma moneda. Woodrow Wilson dice al respecto: «*Si usted piensa en lo que debería hacer por la gente, su carácter se cuidará por sí mismo*». John Mason agrega: «*La excelencia del carácter se muestra haciendo en secreto lo que haríamos si*

---

10 Ed Catmull. *Creatividad S.A.:* Cómo llevar la inspiración al infinito y más allá. Conecta. Buenos Aires, Argentina. 2015 (pp. 129-132)

todo el mundo nos estuviera mirando». Y fue lo que hicieron Daniel y los otros muchachos en Babilonia. Aprendieron a ser excelente para Dios y para los demás en todo, creciendo en carácter, manteniendo estas cualidades en el tiempo, y por supuesto esto se reflejó en sus acciones públicas.

Haciendo un recuento de lo que abordamos en este capítulo, los equipos que buscan la excelencia tienen estas características resaltantes:

- No dan lugar a las excusas.
- No subestiman las pequeñas acciones.
- Se entrenan constantemente.
- Soportan la presión.
- Entienden que no están exentos de errores.
- Desarrollan un carácter firme.

Volviendo a la historia de los muchachos que influenciaron Babilonia, tomaron decisiones radicales. Tuvieron carácter firme ante las adversidades y fue así que asumieron los riesgos... y pronto las consecuencias se hicieron sentir. Se ganaron un lugar de prestigio en la sociedad y el respeto de todo un pueblo al cual incluso no pertenecían.

Hay partidos candentes que enfrentaremos. Asegúrate de que tú y tu equipo desarrollen un carácter firme que les permita jugar con convicción y sabiduría, cualidades que se necesitan a cada segundo, para que cuando escuchen el pitazo final puedan saber que lo entregaron todo.

MIS PASOS A SEGUIR

paolo**lacota**

UNA CARRERA ÉPICA

LA EXPERIENCIA QUE BUSCAMOS

Los tiempos cambian. El viento sopla diferente. Lo que funcionaba ayer, ya no es una estrategia relevante para hoy. Hablando de los tiempos vertiginosos en los cuales estamos viviendo y en las cualidades distintivas de las nuevas generaciones, me gustaría destacar lo que dijo Jeroen Boschma quien, en su libro *«Generación Einstein»*, hace un acertado perfil de nuestra juventud actual:

> Son más rápidos, más listos y más sociables. Conocen las reglas del marketing, leen la prensa como periodistas, miran películas como directores de cine y analizan anuncios como verdaderos publicistas. [11]

Esta generación a la que Dios nos llamó a servir es altamente crítica. Los adolescentes y jóvenes no aceptan imposiciones, buscan la autenticidad y parecieran tener un detector de falsedad. Ellos quieren dejar una huella en el mundo y quieren ser tenidos en cuenta y ser escuchados. Fíjense qué magnífica oportunidad tenemos como líderes, ya que todas las herramientas de este tiempo están a nuestro favor.

---

11 Jeroen Boschma. *Generación Einstein: Más listos, más rápidos y más sociables. Comunicarse con los jóvenes del siglo XXI.* Gestión 2000. Barcelona. 2008.

REFLEJAR SU AMOR

Somos nosotros quienes debemos reflejar a Dios en el mundo, somos su cuerpo. Es probable que el mundo que Dios quiere amar y que quiere acercar a Él no lo llegue a ver con ojos físicos, pero a nosotros sí nos ven.

Los chicos quieren verte en acción, quieren ver la verdad en tu vida, si realmente funciona, si Dios es real. Necesitan ver una vida genuina, donde se vea la compasión no como un concepto sino más bien como un rasgo del carácter. La sinceridad, la determinación y la amistad sincera, son sólo algunas cualidades que todos buscamos en la gente que observamos o admiramos. De la misma manera, eso es lo que las nuevas generaciones buscan en nosotros.

¿Pueden ellos hablar de sus errores y pecados contigo? ¿Pueden conversar contigo aquellas cosas que no se animan a compartir con sus padres? ¿Te ven los adolescentes y jóvenes de tu grupo como alguien genuino y confiable? ¿Pueden ellos encontrar en ti respuestas espirituales a sus interrogantes? ¿Pueden formular preguntas y cuestionar tus respuestas?

No olvidemos: *alguien creyó en nosotros, nosotros debemos creer en alguien*. Ellos tienen que saber que, si te cuentan sus errores, pueden estar seguros de que no les vas a mirar en forma diferente. Que no les condenarás por sus equivocaciones porque entiendes que todos las cometemos y que siempre necesitamos nuevas oportunidades.

En su libro «*Crear o morir*» Andrés Oppenheimer, en su investigación de por qué no tenemos genios de la talla de Steve Jobs en Latinoamérica, brinda varias aristas al respecto entre las cuales se encuentra la gran cantidad de trámites burocráticos para emprender un negocio, la falta de inversión de los gobiernos, la inestabilidad económica y la corrupción por la cual no se genera un buen clima para los negocios.

Pero también comenta que el principal motivo por el cual no ha surgido un Jobs en nuestros países, es que tenemos una cultura social y legal *«que no tolera el fracaso»*.

LOS GRANDES CREADORES FRACASAN MUCHAS VECES

Los grandes creadores fracasan muchas veces antes de triunfar. El basó su investigación en Sillicon Valley, el lugar que eligió el gobierno de Estados Unidos para invertir en el clima y ambientes para las empresas de innovación más brillantes como Google, Apple, Facebook, eBay, Intel y otras miles de compañías de alta tecnología. Pudo percatarse que en Sillycon Valley, el fracaso es una experiencia de trabajo que sufre la mayoría de los triunfadores.

Si trasladamos esta perspectiva de vida a lo espiritual y a nuestra cosmovisión como líderes, podríamos vivir nuestras vidas personales con mayor madurez y coherencia, y también podríamos abrazar y ayudar a las nuevas generaciones en este camino hacia la madurez espiritual que los encontrará una y otra vez rotos o golpeados al costado del camino.

Justamente es por estas cualidades distintivas de las nuevas generaciones, quienes valoran la integridad, la honestidad y la coherencia, que creo firmemente que se terminó el tiempo donde los líderes parecían Superman y la Mujer Maravilla, que tenían la vida perfecta y que aparentemente no luchaban con tentaciones y no tenían pecado. Lamentablemente, proyectando una imagen idealista y de espiritualidad perfecta, cientos de líderes no sólo han mostrado un mal modelo de vida a sus jóvenes, sino que también han lastimado a sus familias.

Por eso es que en estos tiempos estamos atravesando una crisis en nuestro continente respecto a la religiosidad: los jóvenes están hartos de la hipocresía y la religiosidad, pero no de la espiritualidad. Esta generación es altamente espiritual, pero no como la hemos entendido por años. Ellos están hambrientos de una espiritualidad cotidiana, que pueda ayudarles en sus circunstancias diarias, en sus casas, colegios, universidades y no solamente de algo que aparentemente funcione en las reuniones que se realizan dentro de un templo. Más allá de que pareciera que vivimos en un mundo donde declararse ateo es cool e intelectual, los grandes íconos del arte y de la música contemporánea hablan y buscan la espiritualidad.

¡Esta es la gran oportunidad que los líderes tenemos que aprovechar! Nuestros ministerios no pueden competir con el mundo del entretenimiento, ni con los grandes recursos con los que cuentan los grandes shows que se brindan en las distintas partes del mundo, pero algo que no tiene competencia para la iglesia es que podemos amar a las nuevas generaciones, podemos acercarnos a ellos, abrazar a los necesitados, ayudarlos en su caminar de fe, y aceptarlos así como son. Es tiempo de empezar a ver más allá de las apariencias y de comenzar a usar la espada de la Palabra de Dios no solo para atacar, sino para defender al olvidado, al que necesita, al que no tiene en quién apoyarse. Cuando las nuevas generaciones hayan encontrado a Dios en la amistad con sus líderes y amigos a través del servicio, todas estas aristas brindarán la posibilidad de percibir un evangelio más real en sus vidas.

Cuando hablamos de lo que nos proponemos o de lo que queremos lograr en el ministerio con ellos, una de las metas que claramente debería saltar a la luz es que las nuevas generaciones experimenten a Dios.

Tristemente, en ocasiones solo intentamos que los jóvenes se porten bien, que se diviertan o que aprendan Biblia. Y aunque nada de esto está mal y entendemos que la Biblia es el fundamento de nuestra fe, tenemos que recordar que la enseñamos para que los jóvenes experimenten y conozcan a Dios personalmente.

No enseñamos doctrina como fin, sino como medio para que experimenten a Dios.

Tienen que conocer la Palabra de Dios, pero también conocer al Dios de la Palabra. Esa fusión de conocimiento y experiencia, esa conexión entre la lectura y la interacción íntima, los llevará a un nuevo nivel de experiencia que marcará sus vidas para siempre. Podrán descubrir a Dios más allá de la teoría, como un Dios real, amoroso, que está con ellos en todo tiempo.

GENERAR ZONAS DE EXPERIENCIA

Las «zonas de experiencia» son espacios interactivos en los que las empresas patrocinadoras y expositoras realizan actividades especiales con su público; mediante demostraciones o eventos dan a conocer los beneficios de sus productos o servicios. Los expertos saben lo importante que es para una persona vivir una experiencia con algo que va a adquirir, y los lazos que pueden crear estas actividades, por eso hoy tratan de acercase de una manera más íntima a sus clientes.

NO ENSEÑAMOS DOCTRINA COMO FIN, SINO COMO MEDIO PARA QUE EXPERIMENTEN A DIOS

Años atrás ibas a una feria o exposición de libros y no los podías hojear porque tenían un envoltorio protector para que no se estropeen. Hoy tienes que vivir la experiencia de tener el libro en tu mano, hojearlo y hasta olfatearlo; entonces, acondicionan el lugar de manera que puedas vivir toda la experiencia. Algunos ponen cómodos sillones y hasta máquinas de café para que puedas sentarte por un momento a comprobar las bondades del producto y el servicio.

Los tiempos han cambiado y es transcendental que puedas vivir una experiencia real en cualquier área de la vida. Nuestros ministerios tienen la obligación de crear espacios y relaciones para que las nuevas generaciones puedan conocer y experimentar a Dios de una manera individual. Los jóvenes buscan pertenecer a algo, por eso una de las necesidades básicas de la juventud es la búsqueda de su sentido de pertenencia. Imagínate si la familia es vital, los amigos son como el aire que respiran.

Como líderes debemos ayudar a nuestros jóvenes para que el tema de la espiritualidad esté en medio de sus amistades. Si los jóvenes y adolescentes no encuentran a sus mejores amigos dentro de la iglesia, es casi un hecho que tarde o temprano se van a ir.

Ellos constantemente intentan ser parte de un grupo, llámese amigos, escuelas, grupos de intereses comunes (música, arte, deporte, etc.) Y es por eso que cuando no se sienten «adentro» a veces se deprimen y hacen lo que sea para llamar la atención de sus compañeros de grupo o se alejan. De igual manera, cobran vida cuando pueden compartir, reírse, llorar y hasta ser parte de una causa mayor junto a su grupo de amigos.

¡Para los jóvenes es fundamental entablar una amistad con sus líderes sin importar la edad que tengas! Muchas veces pensamos que los jóvenes se llevan mejor con otros jóvenes solamente y no con adultos que quieran trabajar con ellos ¡y no es así! Los jóvenes buscan amistades y líderes que sean genuinos, que inviertan tiempo en ellos sin importar la edad que tengan.

¡Esto representa un gran desafío! Debemos suplir esta necesidad y crear un ambiente de confianza, una zona de experiencia donde puedan ser ellos mismos, donde se destaque lo bueno que tienen y en la cual puedan sentirse seguros.

Es hora de pedirle al Señor que nos ayude y que cambiemos nuestra manera de ver la vida. El problema es que muchas veces *somos buenos en ver lo malo y malos en ver lo bueno*. Pero esta cosmovisión necesita cambiar, recordemos que alguna vez nosotros también transitamos esa senda de la vida.

Referente a esto, hay una frase que grafica muy bien el concepto y que dice: *«La iglesia es perfecta porque Cristo está en medio de ella y es imperfecta porque estamos tú y yo»*.

Esto nos recuerda que somos lo que somos y hacemos lo que hacemos por pura gracia y misericordia de Dios. No es ni por nuestra preparación, ni por nuestras grandes habilidades, ni por la cantidad de talentos que puedas tener. Dios te permite estar en el liderazgo porque a Él le plació que así sea, y lo hizo para que tengas la posibilidad de bendecir y ayudar a otros.

¡Tiene que ser una de nuestras metas resaltantes! Que sientan que pueden ser ellos mismos, que se sientan importantes y que son parte del gran equipo de Dios. Esa tiene que ser la consigna inalterable de tu grupo y la dirección a la que se dirigen.

CREAR UNA ATMÓSFERA IDEAL

Lamentablemente muchos ministerios y muchas iglesias se encuentran distraídos en luchas de poder; parece que todo tiene que ver con quién es más poderoso, más efectivo, más espiritual o quién tiene más unción. Mientras tanto, se manipula a la gente y nuestros jóvenes sufren el clima de estar en un ambiente de fuego cruzado de ministerios compitiendo.

El clima y la condición ideal de nuestro liderazgo es reconocer que somos falibles. Es importante que reconozcamos que tenemos que seguir aprendiendo, más allá de la experiencia que tengamos. La clave de la madurez espiritual es saber que Dios todavía quiere hacer cambios en mi vida, en mi familia y, por consecuencia, en nuestro ministerio. Siempre podemos mejorar, siempre podemos seguir aprendiendo y creciendo.

Si queremos desarrollar un liderazgo fiel a lo que Dios llama, tenemos que ser enseñables, tenemos que seguir siendo instruidos y no conformarnos con lo que ya sabemos. Esto a su vez es un detonante vital que nuestros jóvenes verán, y sentirán que se les abre también un mundo de oportunidades en Dios.

Al respecto fueron acertadas las palabras de Eric Hoffer quien dijo que: *«En tiempos de cambio, quienes estén abiertos al aprendizaje se adueñarán del futuro, mientras que aquellos que creen saberlo todo estarán bien equipados para un mundo que ya no existe»*.

Cuando somos líderes enseñables creamos un ambiente de confianza y credibilidad, que es el clima y la atmósfera ideal para un ministerio de nuevas generaciones, saludable y espiritual.

Si los jóvenes ven en ti un líder enseñable, combativo con sus propios errores y con ganas de superación personal, encontrarán la suficiente confianza para luchar contra sus propios tropiezos.

La mayoría de nuestros jóvenes y adolescentes viven un clima hostil en la escuela, colegio o universidad. Viven escuchando cómo se destacan los defectos, cómo es criticada la forma de vestir, de hablar, de ser. Impulsados por aquellos medios de comunicación cuyo fin es vender, los jóvenes compran estereotipos porque creen que esto les ayudará a encajar, a darle valor a sus vidas. Retornan a sus casas, donde muchos de ellos viven un estado de abandono afectivo, siendo su única compañía la soledad, la TV, Internet o la música. Padres e hijos viven en planetas diferentes y si a eso le sumamos el abismo generacional, el panorama se torna aún más oscuro.

Por eso es fundamental generar ambientes donde se destaque lo bueno. Donde nos convirtamos junto con nuestro equipo de líderes en buscadores de cualidades positivas en la vida de nuestros jóvenes. El mundo no perdona los errores, nosotros sí debemos hacerlo, promoviendo un clima de gracia y restauración.

Si los jóvenes caen, debemos amarlos, abrazarlos, sanar sus heridas y acompañarlos en ese trayecto difícil del camino. ¡Ya es hora de cambiar esa atmósfera de condenación por una de gracia y perdón!

Entonces, y solo entonces, la iglesia será un lugar seguro para todos. Reinará un clima de seguridad donde los chicos puedan ser quienes son, y comportarse acorde a su edad, sin tener que estar tratando de impresionar a nadie. Y lógicamente, nosotros los líderes debemos propiciar este ambiente en nuestros ministerios.

Dios diseñó que haya una transición entre la niñez y la adultez y nosotros tenemos que acondicionar el ambiente para brindarles la seguridad que necesitan en esta etapa. ¿Qué piensan los jóvenes de nuestro liderazgo? ¿Qué tendrían que decirnos respecto a esto? ¿Qué están experimentando a lo largo de la travesía? ¿Se sienten solos?

Margaret Carty dijo: *«Ten en cuenta que lo más hermoso del trabajo en equipo es que siempre tienes a otros de tu lado».*

Esa es la experiencia que todos necesitamos. Tal como lo menciona Margaret Carty, el camino se hace más fácil cuando sabemos que tenemos a otros a nuestro lado incondicionalmente.

PERMITIR LA EXPERIENCIA

Experimentar es el hecho de haber sentido, conocido o presenciado algo. Es esa práctica prolongada que proporciona conocimiento o habilidad; es un conocimiento de la vida adquirido por las circunstancias o situaciones vividas. Las nuevas generaciones no experimentarán la carrera épica e inolvidable de seguir a Dios si no generamos un ambiente de delegación y participación.

Una vez leí la frase: *«No delegues tareas, porque se crean seguidores. Delega la autoridad para crear líderes»*. A veces los jóvenes y adolescentes solo nos escuchan predicar, y esa es toda su función semana tras semana. Sin embargo, también es enriquecedor y activador que compartamos labores con ellos.

Ser mentores tiene que ver con delegar roles de liderazgo y cuando lo hacemos posiblemente van a hacer líos o podrán cometer errores. Pero claramente este es el camino en el cual podrán experimentar que son útiles y parte de los planes de Dios. En ocasiones habrá que sacrificar la perfección de los programas para que ellos crezcan y tengan la oportunidad de equivocarse.

Hay muchos ministerios estancados porque todo lo hacen los líderes. Los adolescente y jóvenes no participan, solo tienen que venir, sentarse y portarse bien. Eso es lo que se espera que hagan. Entonces, por supuesto surge la interrogante: ¿cómo podemos pretender con este modelo que los jóvenes se entusiasmen con el ministerio?

«El que quiera hacer todo solo, jamás será un gran líder; tampoco el que quiera quedarse con todo el crédito por hacerlo», señalaba con mucha razón Andrew Carnegie. Tenemos que ayudarlos a involucrarse en el ministerio y para eso hay que delegar roles de liderazgo.

Lo que muchas veces interrumpe esto es el pensamiento de *«¡No podemos permitir que algo salga mal en la reunión!»*. Algunos líderes tontamente afirman que si ellos lo hacen lo harán mejor que sus jóvenes. Pero el punto no es quién lo hace mejor, o cómo hacer que salga mejor la reunión; la pregunta es: *«¿estoy logrando que los* jóvenes crezcan? ¿Estoy logrando que *los* jóvenes experimenten a Dios? ¿Estoy brindando espacios para que con confianza puedan utilizar sus dones y talentos?».

La mejor manera de que puedan ir desarrollándose es dejarlos hacer cosas pequeñas bien hechas. Enseñarles a poner lo mejor de su esfuerzo y esmero en aquellas pequeñas tareas que les toque hacer. Tienes que enseñarles a no buscar atajos y no saltar a una más grande hasta que hayan comprobado que la pequeña que hoy hacen, la hacen bien. Tratemos de no presionar y respetemos su proceso de madurez en todas las áreas de su vida, no esperemos que se comporten como nosotros los líderes adultos.

Los pensamientos generan sentimientos, los sentimientos, generan acciones, las acciones se convierten en hábitos, el hábito se convierte en carácter; carácter es lo que somos. Por lo tanto, hay que trabajar los pensamientos y sentimientos si queremos formar en ellos el carácter de Cristo.

Tener éxito no es un asunto de suerte. Es causa y efecto, siembra y cosecha. No es por un golpe de suerte o por designios del destino que las cosas ocurren. Es a través del esfuerzo, enfoque, disciplina y la atención que le prestes a cada cosa. Esto lo tenemos que tener en claro nosotros y lo tenemos que saber comunicar. Es tan sencillo que uno no se puede confundir con este concepto: *uno no es bueno para aquello que no practica.*

Nuestra meta como líderes tiene que incluir el facilitar experiencias donde puedan expresar sus sentimientos y sentir que pueden usar sus dones y talentos para servir a otros. Y esto se tiene que notar en nuestro calendario y planificación, con todo tipo de iniciativas de ayuda social, trabajos voluntarios, visitas a asilos de ancianos, hogares de niños, etc. Genera visitas a hospitales de niños o lugares donde se encuentran éstos junto a sus familias en extrema pobreza. Todo este tipo de experiencias serán muy enriquecedoras no solo por confrontar sus emociones, sino porque también les brindará otra cosmovisión de la vida y de sus realidades, y el potencial de brindar lo mejor de ellos a quienes tanto lo necesitan. Este tipo de programación en nuestro calendario ayudará a que ellos puedan experimentar a Dios fuera de las cuatro paredes de un templo y los ayudará a encauzar su llamado hacia los necesitados. Por supuesto, a esto le sumamos las demás actividades que programamos normalmente y que son parte de la dinámica de vida de la iglesia.

CREER EN ELLOS

Recordemos que los discípulos no se reproducen en serie. Los niños, preadolescentes, adolescentes y jóvenes de tu comunidad no son números. Son personas con quienes Dios trata de una manera distinta. Cuando caminamos en el proceso al lado de ellos con una perspectiva correcta, podemos estar dispuestos a que se equivoquen, a levantarlos cuando tropiezan y caen. Un estudio del centro del desarrollo infantil de la universidad de Harvard menciona que *«cada niño que le termina yendo bien (en la vida) ha tenido el apoyo al menos de una relación estable con un adulto comprometido»*.

Doug Fields dice referente a este punto: *«Haz que tus muchachos sepan que crees en ellos. Los jóvenes tienen el poder para hacer que el mundo sea diferente. Ellos necesitan saber eso. Puedes fortalecerlos con tres palabras sencillas: 'Creo en ti'. Los jóvenes cambian cuando alguien cree en ellos».* [12]

Recuerdo que en mis tiempos de adolescencia en un momento estaba atravesando la crisis típica de esa edad. Yo estaba en el grupo de adolescentes y si bien era baterista de un grupo de alabanza, ese año estaba inactivo. Sin embargo, el líder de adolescentes, que además de ser mi líder era un gran amigo, Jaime Bozzano, siempre estaba viendo la forma de involucrarme en el ministerio de alabanza del grupo.

NUESTRAS AMISTADES INFLUENCIAN NUESTRA EXPERIENCIA CRISTIANA

Yo insistía en que no quería involucrarme en ese tiempo. No puedo rememorar las clases bíblicas, ni las prédicas, ni las enseñanzas de los domingos, pero hay algo que nunca olvido. Por varios sábados en la tarde iba a esperar a Jaime a los ensayos del grupo de alabanza. Cuando él terminaba su ensayo y se despedía de todos, yo estaba ahí esperándolo para luego tener una caminata. Él llevaba su bicicleta consigo e íbamos caminando hasta un club social que estaba en el camino y, mientras veíamos un partido de fútbol, conversábamos. Recuerdo que todos los sábados que hicimos esas caminatas al final del ensayo, Jaime siempre me decía cosas como: *«Paolo, tienes un llamado de Dios, así que guárdate y busca a Dios, porque Él va usar tu vida para bendecir a muchos»*. Siempre al despedirnos, me reiteraba que las puertas del grupo de alabanza estaban abiertas para cuando yo decidiera reintegrarme.

Mi líder y amigo en ese entonces me ayudó a involucrarme y a entender que Dios tiene un trato particular con cada uno

---

12 Doug Fields. *¡Ayúdenme! ¡Soy líder de jóvenes!* Editorial Vida. Miami, FL. 2002 (p. 16)

de distintas maneras. Hoy, con los años, le agradezco el tiempo de caminar a mi lado en el proceso del llamado que Dios tenía para mi vida.

Puedes pensar en tu caso: ¿cómo ha sido el proceso en tu vida? ¿Cómo fue que llegaste al liderazgo? ¿Cómo es que estás donde estás y haces lo que haces? ¿Qué es lo que más ha influenciado tu vida? ¿Sermones, libros o personas?

Sin lugar a dudas nuestras amistades influencian nuestra experiencia cristiana. Dios nos diseñó así, es por eso que nuestras relaciones interpersonales nos pueden ayudar o nos pueden dificultar el experimentar a Dios. Y es en este punto donde el rol del líder es fundamental, porque podemos facilitar o dificultar que los jóvenes puedan conocer a Dios.

Luego de varios años de ser el baterista del grupo de adolescentes y de servir a Dios, empezó a brotar en mí el deseo de prepararme para discipular adolescentes y jóvenes. Con el correr del tiempo ingresé al Instituto Bíblico y desde aquel entonces estoy activo sirviendo a Dios en el discipulado de jóvenes y adolescentes, entrenando a líderes de nuevas generaciones en todo el continente. Y todo hubiese sido casi imposible y con un camino mucho más empinado cuesta arriba si no se hubiese cruzado en mi camino un líder y amigo que decidió acompañarme en ese trayecto de mi vida.

John Maxwell afirma lo siguiente: *«Es increíble cuando la gente cree en su líder, pero es más increíble cuando el líder cree en su gente.»*

En la Biblia encontramos la maravillosa historia de un muchacho que tuvo un inicio poco alentador en el ministerio, luego una serie de circunstancias cambiaron la situación y lo llevaron a cumplir con su propósito. Luego del arresto, juicio y crucifixión de Jesús, la persecución a los discípulos y seguidores de Jesús se empieza a intensificar a medida que éstos se van multiplicando. Los líderes religiosos del momento buscan eliminar esta «nueva religión» fundada en torno a la vida y enseñanzas de Jesús de Nazaret.

Entre estos miles de seguidores está una familia influyente con un hijo llamado Juan Marcos. Su madre se suma al equipo de discípulos y abre las puertas de su casa para reuniones de oración. Algunos meses después de la resurrección, se menciona a Marcos relacionado a una de estas reuniones en casa de su madre, donde algunos cristianos se habían juntado para orar por la liberación de Pedro, quien, en ese entonces, tal como lo relata Hechos 12:12, se encontraba en prisión.

La aventura empieza para Marcos cuando su primo Bernabé, líder de la iglesia, se convierte en socio de Pablo. Ambos le piden a Marcos que se una a ellos como asistente en su primer viaje misionero. Marcos acepta y se acopla a la travesía. Pero, por razones desconocidas Marcos abandona a Bernabé y Pablo y regresa a Jerusalén. Si bien este episodio no interrumpe la misión, la actitud de Marcos no agrada para nada a Pablo.

Un par de años más tarde, cuando Bernabé está planificando el segundo viaje misionero, vuelve a sugerir a Marcos como acompañante del equipo, a lo cual Pablo se opone rotundamente. Como resultado de este desacuerdo, el equipo se divide y Bernabé viaja con Marcos y Pablo parte rumbo a otro destino, acompañado de Silas.

Bernabé sigue creyendo en Marcos, le brinda varias oportunidades, viajan juntos, comparten experiencias, y ese tiempo invertido más adelante arroja muy buenos resultados. Pronto, Marcos se convierte en un compañero útil para Pablo en otras misiones. Más adelante acompaña a Pedro en Roma. Incluso Pedro, en su primera carta desde Roma, llama a Marcos «mi hijo». De esto, podemos concluir que Marcos debe haber sido compañero de viaje y de ministerio de Pedro en Roma, porque en esta carta, el apóstol también envía saludos de parte de Marcos (1 Pedro 5:13).

Se deduce que Marcos una y otra vez escuchó a Pedro narrar sus experiencias vividas con Jesús, por lo que Marcos fue el primero en escribir sobre la vida de Jesús contando con los relatos de primera mano de parte de Pedro. Finalmente, Marcos nos deja un gran legado escrito a través del evangelio que lleva su nombre. Fue el evangelio de Marcos el que registra más milagros que ningún otro.

Pero para que podamos disfrutar hoy de todo lo que nos dejó como testimonio Marcos, debemos fijar nuestra atención en Bernabé, quien tuvo un papel preponderante en su vida, al apoyarlo incondicionalmente. Fue Bernabé quien mantuvo su confianza en Marcos más allá de sus errores y desaciertos, fue él quien tuvo la paciencia necesaria para ver más allá de sus faltas y quien le enseñó a que los fracasos podrían ser un escalón a un nuevo nivel de aprendizaje, si así lo decidía. Fue Bernabé quien dejó como legado que lo más importante no es cómo comenzamos en nuestro liderazgo, sino que más allá de nuestros tímidos e inestables comienzos, podemos mantener el norte y llegar a buen puerto.

Podríamos estar en las sandalias de Marcos, entre nuestros errores, desaciertos e inexperiencia, tal vez con ganas de volver a abandonar todo, pero cuánto bien nos haría sentir la mano de algún Bernabé en nuestro hombro, que nos anime a seguir, que nos diga que no todo está perdido y que nos calme con el mensaje de que en medio de nuestra noche más oscura escucharemos: «¡Sigamos caminando porque vamos rumbo a nuestro destino!».

O, podríamos estar en las sandalias de Bernabé observando a algún Marcos en nuestro grupo de jóvenes que, aunque le hemos brindado espacios y oportunidades, lo hemos visto sucumbir una y otra vez. Es muy probable que este sea el momento ideal para recordar que los mayores errores deberían ser los mejores maestros; que la madurez se va desarrollando y alcanzando en esa combinación de tiempo, ajustes, aprendizaje y con un buen acompañamiento.

Recordemos que siempre podemos encontrar algo bueno en ese Marcos a quien nos toca acompañar en medio de sus faltas y fracasos, y que para los que aman a Dios... todas las cosas le ayudan para bien (Romanos 8:28).

Por eso, nunca subestimes a un pequeño que limpia el mobiliario en el templo, porque Dios podría levantarlo como el próximo profeta que traerá dirección a tu nación. No desatendamos a alguna adolescente solitaria de escasos recursos, solo porque no vive con sus padres, porque como ocurrió con Ester, podría llegar a lugares de influencia y cambiar el destino de naciones enteras. No tengamos en poco al muchachito que solo toca música, porque podría ser el próximo rey. No deberíamos subestimar a un adolescente solo por ser algo tímido e introvertido, y proveniente de un hogar disfuncional porque podría, como Timoteo, encabezar a la nueva generación de líderes.

Nunca deberíamos reírnos y tener en poco a alguien que está soñando, porque como ocurrió con Jacob, puede trabajar veinte años y el sueño de Dios lo llevará hacia arriba y mañana le preguntarás cómo hizo y cómo lo logró. Y qué mejor que la respuesta sea, ¿cómo no lo iba a lograr? Si en ti encontré a un líder que siempre creyó en mí, contra todos los pronósticos.

Aunque ellos crean que están lejos de Dios, recuérdales que puedan regresar y que encontrarán a Dios y a sus líderes con los brazos abiertos esperándolos. Líderes que siempre creerán en ellos y estarán dispuestos a acompañarlos en esta travesía de experimentar y conocer a Dios.

Es tiempo de la experiencia. *«Por eso, también nosotros, que estamos rodeados de tantos testigos, dejemos a un lado lo que nos estorba, en especial el pecado que nos molesta, y corramos con paciencia la carrera que tenemos por delante. Mantengamos fija la mirada en Jesús, pues de él viene nuestra fe y él es quien la perfecciona. Él, por el gozo que le esperaba, soportó la cruz y no le dio importancia a la vergüenza que eso significaba, y ahora está sentado a la derecha del trono de Dios. Por eso, piensen en el ejemplo que él nos dejó, pues siguió adelante a pesar de tanta oposición por parte de los pecadores. Por tanto, no se cansen ni pierdan el ánimo...».* (Hebreos 12:1-3).

MIS PASOS A SEGUIR

germán**ortíz**

LAS LESIONES

SOLUCIÓN DE CONFLICTOS

CONFLICTOS EN EL CAMINO

Tres años antes de que fundáramos L.A.GR.AM., Lucas Leys y yo éramos adolescentes. Nos conocimos en un campamento de la Liga Argentina para la Evangelización del Niño, y junto con otros amigos comenzamos a participar de la organización de los campamentos de esa entidad. A decir verdad, Lucas y yo estábamos llenos de diferencias. A mí se me había formado para el bajo perfil, a él para el protagonismo. Lucas vivía en la gran metrópolis y yo en una ciudad de la provincia rodeado de conejos, gallinas y pavos. Él jugaba al rugby y estudiaba en colegios privados de doble escolaridad de habla inglesa. Yo pateaba una pelota de goma contra la pared de mi casa y estudiaba en una simple y tradicional escuela. Él se vestía a la moda y usaba el pelo largo. Yo, en cambio, recibía muchos cuestionamientos en cuanto a mi manera de vestir en aquella época... De hecho, mi esposa aún se ríe de mí cuando lo recuerda.

Trabajábamos juntos en el mismo equipo, pero precisamente ese aspecto, el de compartir la travesía, no era para nosotros lo más atractivo de ese viaje. No nos entendíamos bien. No había piel. Pero la cosa supo empeorar. El genial Ernesto Ríos, el líder adulto que en aquel tiempo nos lideraba, no tuvo mejor idea que ponernos a coordinar ¡juntos! los campamentos para adolescentes de entre trece y quince años. Debo admitir que pensé: «¿Qué mal le hice yo a este hombre?».

Pero hay situaciones ministeriales que se asemejan mucho a estar en el medio de alta mar: no hay forma de escapar. Así que Lucas y yo no tuvimos más opción que pensar en cómo seguir, ya que no podíamos huir. Y como interiormente nos percibimos escasos de recursos para manejar la situación, como quien teme naufragar, decidimos clamar al cielo. Sinceramos nuestras diferencias, reconocimos nuestras asperezas y oramos. Acordamos en nuestro desacuerdo y pedimos a Dios que se hiciera cargo de su propio sentido del humor y solucionara lo que nosotros no sabíamos cómo solucionar.

Al día de hoy estamos convencidos de que fuimos testigos de un milagro. Yo creo que lo que pasó fue que Dios nos dio criterios nuevos, distintos de los míos, distintos de los suyos y consiguió que fuéramos unánimes.

ELABORANDO EL CONFLICTO

Los conflictos son parte de las relaciones. Si quieres relacionarte deberás aceptar que sobrevendrán conflictos. Solo tenemos un registro de Jesús dando un código de procedimiento y es en el Evangelio de Mateo en el capítulo 18. Y en este único caso el Maestro se refiere precisamente a la elaboración correcta de los conflictos. Todo integrante del grupo debería tener en claro este procedimiento antes de embarcarse y no debería permitirse el olvido en ningún punto de la travesía.

CONSEJOS DEL MAESTRO: PASO A PASO

«Si tu hermano peca contra ti, ve a solas con él y hazle ver su falta. Si te hace caso, has ganado a tu hermano». (Mateo 18:15 NVI).

A solas

No se trata de exponer a mi adversario. No se trata de ganar la pulseada. No tiene nada que ver con reclamar públicamente el triunfo de mi razón. El objetivo no es darle un escarmiento para que no vuelva a cometer esa falta. No es cuestión de volverlo el centro de la charla y el chisme. Primero y fundamentalmente... porque es mi hermano.

Jesús introduce la idea de la fraternidad, la conexión con el semejante, la alianza con el otro simplemente porque es humano, entonces es mi hermano y por eso la idea es ganarlo y no ganarle. Por eso, a pesar de considerar que ha cometido una falta, lo cuido. No lo expongo, lo protejo. No es mi deseo avergonzarlo, sino hacer uso de la corrección para dignificarlo en un proceso de aprendizaje que puede ser aprendizaje para ambos. Por eso lo hago a solas, en un espacio de discreción e intimidad que me permita elaborar la situación apropiadamente. Es importante entender que ni mi hermano (mi semejante, mi prójimo), ni el conflicto, son mis enemigos. Nos estamos enfrentando, en realidad, con la amenaza de que el conflicto explote y su onda expansiva alcance formato de pleito, división, falta de perdón, rencor, resentimiento, venganza, amargura. Contra esto peleamos.

En su versión original el conflicto puede hasta resultar un amigo que trae debajo del brazo los regalos del aprendizaje, del enriquecimiento mutuo, de la saludable corrección, del crecimiento. Cuando olvidamos esto y vemos al conflicto como obstáculo y no como oportunidad, rápidamente consideramos al otro como enemigo y la situación degenera en tempestad dentro de nosotros.

Puede ser que consideres que esa persona no sea más que un gruñón con el que no se puede hablar, pero Jesús te desafía a que lo consideres hermano y cuides de él. En este caso, no hagas futurología: confróntalo y si no colabora en la resolución del conflicto será momento de cliquear en la solapa de opciones avanzadas, pero no optes por el paso 2 sin haber pasado por el paso 1.

El arte de confrontar

La confrontación es un arte complejo, pero la clave está en el espíritu de este procedimiento que enseña Jesús: amor y verdad. En Proverbios 3, Salomón nos recuerda la importancia de estos componentes: *«No te apartes nunca del amor y la verdad; llévalos atados a tu cuello como si fueran un collar y escríbelos en lo profundo de tu corazón»*. (Proverbios 3:3). Y en Proverbios 16 nos revela una de las razones: *«Con amor y verdad se perdona el pecado, y con temor del Señor se evita el mal»*. (Proverbios 16:6).

LA CONFRONTACIÓN REQUIERE DOSIS SEMEJANTES DE AMOR Y DE VERDAD

La confrontación requiere dosis semejantes de amor y de verdad. Estos son dos ingredientes indispensables para vivir la vida tal y como la concibió Dios. Cada vez que me acerco a mi hermano con el deseo de cuestionar algo debo hacerlo con un marcado y visible compromiso con el amor y con la verdad. Si digo la verdad lo haré con amor. Si amo lo haré con sinceridad y autenticidad. Porque te amo te digo la verdad, te la digo con amor, pero no dejaré de decírtela. Pondré mi mayor esfuerzo en no privilegiar un elemento por encima del otro. No ataré un solo ingrediente a mi cuello, escribiré ambos en mi corazón. Me apropiaré de toda estrategia que me ayude a recordarlos y ponerlos en práctica de manera asociada.

En comunicación existe una máxima acerca de la confrontación que dice: «*Empiece en positivo, confronte promediando la charla, termine en positivo*». Esto implica comenzar la receta por los ingredientes de la afirmación de la relación y de la persona, valorando quién es el otro, en acto y en potencia, declarando nuestro deseo de permanecer en la relación y nuestro compromiso con el amor incondicional. Entonces, si hemos sido sinceros, es el momento de hablar de lo que nos molesta, nos preocupa, de hacer nuestra advertencia o nuestro cuestionamiento, expresando que nuestra intención es la crítica constructiva, la corrección positiva. Luego, es hora de manifestar nuestro compromiso de amar a pesar de la reacción del otro.

No confrontamos porque estamos seguros de que cuando terminemos nos abrazarán con lágrimas en los ojos y nos pedirán perdón. Es cierto, puede ser que eso no pase. Confrontamos por amor a nuestro hermano porque deseamos lo mejor para él, porque de no hacerlo lo abandonamos cruelmente a la oscuridad. Lo hacemos con humildad, porque sabemos que el amor requiere de ella y que la verdad siempre necesita del espíritu humilde que no se cree su dueño, sino que la busca con apertura al descubrimiento. Quien confronta con humildad, con las dosis apropiadas de amor y verdad, corrige desde un espíritu amable y respetuoso que busca respuestas que hagan crecer la relación. No anhela sentencias lapidarias. El desafío es ayudar a mi hermano y a la relación, atravesando el conflicto en búsqueda del crecimiento como resultado. Ganar a mi hermano. No ganarle.

Uno o dos testigos

A esta altura debería quedar en claro que no iniciamos en el paso uno con el deseo de atravesar cada paso con las ganas de arribar lo más pronto posible a un merecido y supuesto castigo. En cada punto que nos regala Jesús, el deseo siempre es ganar a mi hermano... pero puede fallar. Puede ser que el hermano no responda con apertura. Puede ser que se niegue a oírnos. No es el resultado deseado, pero tristemente puede ser el posible. Jesús entonces recurre al paso dos: *«Pero si no, lleva contigo a uno o dos más, para que todo asunto se resuelva mediante el testimonio de dos o tres testigos»*. (Mateo 18:15 NVI).

Me voy a permitir darte algunos consejos para arribar a esta instancia:

No lo hagas por sorpresa. Anuncia tu decisión de pasar al siguiente paso. No se trata de hacerle una redada o una emboscada con dos amigos tuyos que lo más probable es que estén a tu favor. No se trata de poner dos testigos que den cuenta de lo tonto que es el otro y, mucho menos, producir un encuentro intimidatorio en algún callejón del puerto. Se trata de encontrar personas que colaboren en el objetivo de ganar a tu hermano.

Es recomendable que, en lo posible, pongan esos testigos de mutuo acuerdo. Lo ideal es que las personas elegidas resulten confiables para ambos. Lo mejor sería que fuera gente a la que se le reconozca madurez y si es posible autoridad.

En caso de que la persona no quiera alcanzar este segundo paso y se niegue al encuentro con uno o más testigos, lo mejor es encontrar un medio para comunicarle que la situación se dará a conocer a una o dos personas de reconocida madurez, en el marco de una apropiada discreción. En el contexto de una comunidad de fe, éstas deberían ser personas que ocupan un lugar de autoridad sobre tu vida y la vida del otro en cuestión. Envía un email respetuoso, un mensaje de texto u otro medio privado que avise a tu hermano que estás decidido, por amor, a pasar al siguiente paso. Sería correcto señalar el nombre de las personas con las que compartirás la situación, con el fin de que te ayuden a elaborarla.

En muchos casos he conocido gente que se niega a tomar la decisión de saltar al segundo paso. Dan por cerrada la cosa y eligen seguir adelante. Dicen: «*Ya está, ya está*». Lamentablemente, en un 99,9% la cosa no se cierra nada y el malestar continúa solapadamente; las personas conviven en el distanciamiento y la frialdad, hasta que una nueva situación recrudece el conflicto y una vez más corremos el riesgo de caer en el pleito que hace que las cosas terminen mal.

Otro error común es insistir en la repetición del primer paso y postergar el salto al segundo. Comúnmente, cuando por fin se decide llamar a testigos, la relación está tan desgastada que es muy difícil llegar a un acuerdo. Mi consejo es que esta segunda instancia, una vez dado el primer paso, no debería demorarse. Es importante recordar su objetivo y reconocer que, si el deseo es la elaboración del conflicto para alcanzar crecimiento, nadie debería tener objeción de llamar a los testigos y trabajar por la resolución.

La iglesia y su lugar en el conflicto

«Si se niega a hacerles caso a ellos, díselo a la iglesia; y si incluso a la iglesia no le hace caso, trátalo como si fuera un incrédulo o un renegado». (Mateo 18:17 NVI). En esta instancia, no se trata de prender fuego en audiencia pública a nadie. El amor sigue siendo el rector. Este tercer paso recomendado por Jesús no es el privilegio para la verdad y el fin del amor. La sociedad entre estos dos ingredientes no debe desaparecer nunca... ni aún en esta instancia.

Consideremos algunas cosas:

- Estamos observando el caso de una persona que ha sido confrontada con amor, de manera personal, a solas, y luego se le dio lugar a dos testigos que se sumaron en esta empresa de amor y trataron de hacerlo entrar en razón y aun así se resiste a cambiar su actitud. No nos referimos a alguien que cometió un pecado aislado. Hablamos de alguien que, habiendo sido confrontado por una falta, un pecado, una mala actitud, no tiene intención de cambiar. Reconociendo o no que lo que hace está mal, no tiene intención de revisar su conducta. Dada esta situación el consejo de Jesús es que se le comunique a la iglesia de la situación específica y concreta.

- Debe comprenderse que esta persona, decide vivir a contramano de esa comunidad que reconocemos como iglesia. Él dice: *«Yo quiero vivir según mis propios criterios»*. La iglesia dice: *«Nosotros queremos vivir bajo la voluntad de Dios»*. Usando una comparación con el mar, es alguien que, de alguna manera, decide subirse al barco, pero en algún punto de la travesía elige no respetar las normas de la navegación: no ayuda en las tareas, contradice al capitán, se pelea con el resto de los tripulantes y podríamos seguir jugando con la metáfora. A esta altura coincidirán conmigo que algo hay que decirle a la tripulación. No podemos permanecer como si nada ocurriera.

- No debemos olvidar que la iglesia es un grupo humano, no es un ente impersonal: es gente, es comunidad, es pueblo, es familia. Cuando aquí se menciona a la iglesia, se está refiriendo a eso. La propuesta es llevar el conflicto frente al grupo humano que es la iglesia e informar la situación para que la comunidad cuide de este hermano y se cuide de este hermano. Las cartas sobre la mesa. La consigna sigue siendo la misma: tratar de ganar al hermano. Es hora de que los miembros de la familia de Dios, al tomar conocimiento de la situación, puedan intentar hacer su parte. Es la hora en que la tripulación insta al hermano en cuestión a revisar su actitud, a sumarse a la tarea, a responder al líder y a reconciliarse con quien tenga la diferencia.

COMPAÑERO O POLIZÓN

El último paso, muchas veces, es leído como la declaración de la muerte cívica del integrante en cuestión. Sin embargo, yo no creo que esa sea la idea. La versión Reina y Valera lo dice así: «*Si tampoco a ellos les hace caso, hazlo saber a la iglesia; y si tampoco a la iglesia le hace caso, ténganlo entonces por gentil y cobrador de impuestos*». (Mateo 18:17 RVC).

Llegamos a la triste instancia en que este integrante no escucha a nadie. A esta altura Jesús indica un comportamiento de la comunidad para con la persona en cuestión: «*T*énganlo entonces por gentil y cobrador de impuestos». Está dando una pauta para el trato, no para el destrato. No se trata de la expulsión o del destierro.

En la versión original Jesús hace referencia a los gentiles y a los cobradores de impuestos. La NVI, creo yo que, con acierto, traduce *incrédulo o renegado*. Estamos hablando de personas que no viven bajo los principios que la comunidad ha adoptado para sí. Los judíos detestaban a estos dos grupos de personas. A los primeros, porque no pertenecían al pueblo y por lo tanto no vivían ni respetaban las costumbres judías; a los otros, porque siendo judíos habían elegido vivir como si no lo fueran. Cobraban impuestos para Roma explotando a sus propios hermanos. Es decir que hablamos de personas que no se ajustaban a los principios de la comunidad. Eran personas que se comportaban como polizones. A un miembro de un grupo se le conceden derechos y obligaciones, a un polizón no. A decir verdad, el integrante en cuestión que ya pasó por los primeros pasos de resolución y no entra en razón, hace ya tiempo que se comporta como si viajara de contrabando. Lo que hace Jesús en este último punto es solo oficializarlo.

Ahora bien, es cierto que los judíos detestaban a estos dos grupos de personas, pero Jesús tiene una actitud completamente distinta para con ellos. Jesús morirá por judíos y gentiles y luego levantará hombres y mujeres que anunciarán las buenas de salvación hasta los confines de la tierra, hasta alcanzar al último de los mortales, sin importar su origen, estado o condición. Lo mismo sucede para con los cobradores de impuestos. De hecho, quien toma registro de estas palabras, Mateo, era un cobrador de impuestos. Un miembro del equipo que había elegido comportarse como polizonte y que ahora Cristo lo invitaba a volver a ocupar su lugar en el grupo.

Jesús, de alguna manera está diciendo: «*Den por sentado que éste, hasta que se arrepienta y cambie de actitud, ya no se rige por los principios que les enseñé. Ámenlo, pero tengan en cuenta que ya no le pueden dar ni responsabilidades ni honras como miembro del equipo, porque ha elegido viajar como de contrabando. Se le ha invitado cordialmente a compartir el honor de ser un integrante, pero se ha negado a ese privilegio, elige ser polizonte... y frente a eso, solo podemos esperar que recapacite, se arrepienta y cambie de actitud. Ahora que lo sepa él y toda la comunidad. Ámenlo y cuídenlo, pero no como integrante, sino como polizonte. Esto es lo que él (o ella) ha elegido. Ámenlo hasta que el amor de ustedes lo haga recapacitar. Ámenlo como yo los he amado a ustedes, que di mi vida para que ya no viajen de manera tramposa; me entregué en la cruz no solo para que sean integrantes de un grupo sino también hijos*».

APTITUD Y ACTITUD

Alguien podría preguntar, ¿es este procedimiento infalible? Déjenme que se los diga como lo dice Norberto Saracco que lo expresa mejor que yo: «*Seguir este procedimiento de Jesús no tiene garantías de resolución positiva... pero no seguirlo tiene el desastre relacional garantizado*». Después de algunos años de ministerio, puedo dar fe de eso.

Si no tiene garantías de infalibilidad es porque hay una parte que depende de nuestro corazón. Aun siendo, sin lugar a dudas, el mejor método a elegir, no puede considerarse suficiente. Jesús no solo enseña una fórmula, también muestra algo más. Necesitamos trabajar nuestro carácter, nuestra actitud, no solo un método que mejore nuestra aptitud.

EL CONFLICTO PUEDE DERIVAR EN PROYECTO

Sin amor y verdad y sin la necesaria humildad que nos dispone con un espíritu enseñable, el método no alcanzará. Con la actitud correcta el método tiene el sello del Maestro y no existe mejor camino para tomar.

DE CONFLICTO A PROYECTO

Al cerrar el pasaje que elegimos para reflexionar, Jesús concluye: *«También quiero decirles que si dos de ustedes se ponen de acuerdo aquí en la tierra acerca de algo que quieran pedir en oración, mi Padre que está en los cielos se lo concederá, porque dondequiera que estén dos o tres reunidos en mi nombre, allí estaré yo»*. (Mateo 18:19-20).

Me encanta observar esto: cuando damos participación a Jesús, cuando seguimos sus enseñanzas con fe, el conflicto puede derivar en proyecto. Solo es necesario que dos personas crean que hay algo más importante que ellos, que el Reino de Dios está por encima de cualquier proyecto o de cualquier ser humano.

Cuando yo tenía diecinueve años no tenía todo esto reflexionado y supongo que Lucas tampoco, pero estoy seguro de que eso fue lo que pasó entre nosotros. Aquellas diferencias que hacían conflicto entre Lucas y yo no impidieron que cumpliéramos con nuestra misión, porque donde dos o tres acuerdan con Jesús presente, los conflictos derivan en proyecto y los proyectos en bendición. Simplemente por una fascinante razón: porque no son proyectos propios sino sueños del Dios Todopoderoso.

MIS PASOS A SEGUIR

germán **ortíz**

LAS DECISIONES

CUANDO ALGUIEN TIENE QUE SALIR DEL EQUIPO

Algo hemos reflexionado acerca de confrontar, reconociendo lo difícil que es, pero entendiendo también la necesidad de hacerlo bien. Con responsabilidad, con verdad, pero también con amor y humildad. De hecho, a decir verdad, no sería correcto leer este capítulo sin leer el anterior. Incorporando todo aquello, comprendiéndolo y asimilándolo, es que debemos considerar una instancia aún más difícil.

Creímos con Paolo, que no podíamos desentendernos y no tratar acerca del difícil trance que se nos presenta cuando debemos poner en discusión la continuidad o no de un integrante de nuestro equipo.

Antes que nada, sería bueno aclarar que debemos cuidar nuestro corazón. «*Cuida tu corazón más que otra cosa, porque él es la fuente de la vida*», dice Proverbios 4:23 RVC. Sin cuidar nuestro corazón, nuestro egoísmo, nuestras propias inseguridades, nuestra vanidad o nuestra propia torpeza nos llevarán a encontrar diversos pretextos para deshacernos de cualquiera que no nos brinde lo que deseamos, o que percibamos como un posible competidor que nos robe fama o prestigio.

Sin un corazón saludable, frente a cualquiera que nos haga sentir que pone en riesgo nuestra posición, o que nos resulte molesto porque no piensa igual que nosotros, sentiremos la tentación de hacer que *parezca un accidente*... o buscaremos un medio menos dramático, pero no por eso menos efectivo, para deshacernos de él o de ella.

Uno nunca está libre de sentir alguna de estas emociones, pero con un corazón sano, cuando estos sentimientos asoman por nuestro interior, suelen encenderse las alarmas necesarias que nos ayudan a cuidarnos de nosotros mismos y a buscar a Dios, a fin de elaborar correctamente la situación.

TRES TIPOS DE CONFLICTOS

En lo personal, creo poder observar al menos tres tipos de conflictos que nos podrían llevar a una situación límite: los conflictos que están relacionados a una falta de acuerdo en la visión y/o la misión que da razón a nuestra tarea, los que tienen que ver con diferencias, de cualquier tipo, que nos resulten imposibles de conciliar, y, por último, los relacionados a problemas éticos o morales, directamente ligados a algo que consideraríamos pecaminoso. Cada uno de estos tres grandes grupos, implican distinta gravedad y, desde mi opinión, por sus diferencias permiten que los abordemos considerando distintas estrategias.

A dónde vas. Los conflictos relacionados con la visión o la misión.

Esteban Fernández, con lo que para mí es un gran acierto, compara la visión con lo que en Argentina llamamos «el cartelito del colectivo». Me propongo partir de esta metáfora para considerar el conflicto propio que se genera al momento de establecer una visión o una misión.

En Argentina, utilizamos el término colectivo para referirnos al transporte de pasajeros automotorizado. En otros lugares suelen llamarle de otras formas. En la ciudad de Buenos Aires, un caudal impresionante de personas hace uso de este medio, hacia miles de destinos, durante las veinticuatro horas del día.

Para satisfacer esta demanda, existen cientos de líneas de colectivos que suelen diferenciarse por un número y por una variedad incontable de combinaciones de colores, y cada una de esas líneas puede tener más de un ramal con distintos destinos. Cada colectivo se diferencia por su color, su número de línea, su letra o número de ramal, un cartel que expresa su destino final y hasta, en algunos casos, otro letrero que también informa la calle o avenida principal de su recorrido. Aun así, aunque te cueste creerlo, existen personas como yo que podemos tomar el colectivo equivocado. Así que para que no me vuelva a ocurrir, suelo ir sobre seguro y consulto con el querido colectivero, el chofer de este medio de transporte. Subo y no con poca vergüenza pregunto: «*¿Me dejas en Eva Perón y Medina?*». El chofer solo tiene que contestar con un monosílabo: sí o no. No tengo oportunidad, ni posibilidad de discutir. No puedo objetarle que su destino me parece inapropiado, peligroso, poco oportuno o nada práctico.

El destino está prefijado y a mí solo me corresponde elegir: pago mi pasaje y hago uso de ese servicio, o me bajo para tomar otra línea, o recorrido. Si no elijo ese colectivo, esa noche cuando el chofer llegue a su casa, no me va a regalar el mínimo pensamiento. No estará angustiado, ni deprimido, ni enojado. No se cuestionará si por amor a mí debía cambiar de recorrido o destino, ni tampoco lamentará que yo haya elegido un destino distinto para mi día. Es el simple, y para nada dramático, producto de la elección de personas libres. En este caso, por un lado, el de los empresarios transportistas que eligieron, previamente, cubrir con su servicio determinado recorrido y alcanzar determinado destino. Por el otro lado, mi decisión de llegar al lugar al que necesito llegar. Sencillo.

Lo mismo ocurre cuando te identificas con una visión o misión. Algunas personas subirán a tu colectivo, aplaudirán tu decisión de haber elegido ese punto en el mapa, celebrarán tu ruta. Otros te observarán partir, a veces hasta con indiferencia, esperando otro camino que los lleve a ese destino que ellos entienden que es el correcto para sus vidas... y no debería haber drama. Se sumarán a otro equipo bajo las órdenes de otro líder o emprenderán su propia aventura. Para Paolo y para mí mejor aún: ¡vamos a vender más libros!

No existe una sola visión o misión porque no existe solo una necesidad, ni solo una situación, ni solo un tiempo determinado. No existe solo un grupo humano al cual servir y no hay solo un equipo con posibilidades de satisfacer las necesidades de ese grupo. En ese marco cada discípulo de Jesús debería leer el capítulo que escribió Paolo.

Bromas aparte, creo que debemos comprender profundamente lo desarrollado en ese capítulo. Es clave entregarse a Jesús, con intensa devoción, para que Él te muestre cuál es la visión en la que Él desea que seas protagonista, y no molestar ni molestarse con otros con otra visión. Debería ser simple, pero... ¿por qué no lo es? Bueno, en mi humilde opinión, por tres situaciones que se originan en lo profundo de nuestros corazones.

Situación 1: El síndrome del reclutador compulsivo

Algunas veces, en la mayoría de los casos sin mala intención, algunos líderes le dan tanto crédito a su visión que jamás se la cuestionan y creen que todo mortal debería apoyarle a él en su misma aventura. Pareciera que consideraran que solo lo que ellos hacen salvará al mundo de la perdición y, en función de tal sublime empresa, les resulta absurdo que alguien no desee sumarse a su causa. Descartan a los que supuestamente no sirven, seducen a los capaces y consideran rebeldes a los que se atreven a abandonar el proyecto bajo cualquier motivo o explicación.

Cualquiera sea nuestra causa, por más noble que sea nuestra misión, no podemos esclavizar a las personas por medio de la coerción o la manipulación a fin de lograr nuestros objetivos. Te embarques en la empresa que te embarques, tu tarea y la mía, debe reconocer que Dios nos llama a ser sus socios, ayudando a los demás en la construcción de una identidad propia, como personas libres, que deciden por sí solas, con la madurez necesaria. No podemos, ni debemos, vivirle la vida a nadie, ni tomar decisiones por los demás. Sería genial que toda persona caminara con Jesús, buscando cada día más de Dios, pero ni siquiera podemos obligarlos o manipularlos para que tomen esa decisión. Mucho menos para que elijan formar parte de nuestro equipo o del ministerio que Dios nos encomendó. Parte de nuestra responsabilidad como líderes es ayudar a las personas a crecer en dirección a una profunda experiencia de la saludable libertad.

Muchas veces vas a descubrir talentos maravillosos y el deseo de incorporarlos a tu equipo aparecerá en tu lista de prioridades. Pero no se trata de lo que tú haces o anhelas conseguir. Se trata del proyecto grande de Dios y sobre cómo Él quiere incluir a cada persona en ese proyecto. Nuestra misión es trabajar en conexión con el Espíritu de Dios generando espacios que coincidan, o no, con el llamado de Dios para las personas. Norberto Saracco suele decir: «*Yo no trabajo con voluntarios, trabajo con llamados*». Cuando le escuché expresar esto por primera vez, para mí fue como una revelación. Yo no estoy para reclutar voluntarios, sino para generar espacios que podrían coincidir con el llamado de algunas personas. Los mismos espacios que no tendrán nada que ver con el llamado de otras.

Siempre pensé que uno de mis mayores desafíos era trabajar con equipos de voluntarios. Personas que, sacrificialmente, entregan con mucho esfuerzo el poco tiempo que les queda para alcanzar un fin noble. Ahí estaba yo tratando de hacer mucho, con gente muy valiosa pero que no podían dar más de lo que daban. Sin darme cuenta, muchas veces, me volvía loco tratando de cuidar a las personas para que no se sintieran mal, para que no perdieran el entusiasmo y fueran a abandonar su compromiso con la misión. ¡Qué gracioso! ¡Como si yo fuera el dueño de la empresa! ¡Cómo si pudiera hacer un llamado realmente trascendente!

ES EL LLAMADO Y NO TU SIMPATÍA LO QUE HACE QUE ALGUIEN PERMANEZCA

Yo no soy quien llama. Por lo tanto, no soy yo quien elige a quién llamar, ni cuándo llamar, ni a dónde llamar, ni a qué misión convocar. Pero cuando trabajas con tripulantes llamados que coinciden contigo en un proyecto particular de Dios, entonces la situación es completamente distinta. El fundamento de su estímulo, el ánimo en medio de la dificultad, las fuerzas en medio del cansancio o si debe existir algún tipo de retribución por lo que hacen, dejan de ser tu responsabilidad. Todo eso surge de la relación de cada integrante del grupo con su Señor.

Es el llamado y no tu simpatía lo que hace que alguien permanezca en la dura travesía. Los llamados se sostienen en la tarea en obediencia a Dios, por la satisfacción de cumplir con la voluntad del Señor, no por mis elogios o dádivas.

Solo déjenme aclarar que, obviamente, esto no es un permiso para la tiranía o el maltrato. Cuando todos entendemos esta idea, los elogios o los aplausos, son un plus que celebra la alegría que produce ser parte del proyecto de Dios, pero no se vive como una necesidad que condiciona la fidelidad o la continuidad en la misión. Corresponde hacerlo... pero evita que se transforme en la moneda de cambio para la fidelidad. Esto no es bueno para la misión, pero es peor aún para quien hace del elogio su combustible para continuar.

Cuando las personas comprenden esto, más allá del conflicto que produce un cambio de decisión sobre la continuidad de un joven, todos podemos vivir con alegría que alguien decida partir con un rumbo distinto, en obediencia al llamado de Dios, y nosotros encontraremos la paz necesaria, si el caso implica animarlo a descubrir dónde el Espíritu quiere que esté.

Situación 2: El caso del pasante benigno

Habiendo hablado de llamados, debemos considerar a aquellos que aún no tienen claridad al respecto. La misión que Dios nos encomiende debe tener integrantes que permanecen firmes en sus puestos en obediencia a su llamado. Pero no todos lo tendrán tan claro y no es cuestión de andar con el *llamadómetro* para ver a quién dejamos a mitad de camino. Considero que existe una instancia donde todo líder debe brindar, con generosidad, un espacio para la experiencia. Una instancia que funciona como una pasantía, una experiencia de prueba, un ejercicio que posibilita al pasante, el descubrimiento de su llamado y vocación.

Cuando yo era adolescente, hermosos líderes me brindaron la posibilidad de trabajar con niños. De hecho, en lo personal, creo que toda persona debería hacer alguna experiencia trabajando con los más pequeños. Es una posibilidad inmensamente formadora. Durante algunos años puse mi mejor empeño en trabajar con ellos, pero en la medida en que crecí, mi llamado a la adolescencia y juventud tomó forma y descubrí que aquello era lo que Dios quería que hiciera. Al mismo tiempo el desgano por el trabajo con niños fue en aumento. Al descubrir dónde debes estar, el mismo ánimo que te convoca a permanecer ahí, es el que te moviliza para correrte de donde no debes estar.

Cuando eso ocurrió mi tiempo de pasante concluyó. Algunos líderes se entristecieron al no poder contar más conmigo, otros lo celebraron... Pero finalmente, unos y otros se alegraron de que descubriera en dónde Dios me llamaba a desarrollar mis dones. Todo líder debería tener esta actitud. Las pasantías no suelen revelarse sino recién pasado algún tiempo. En aquel momento, en el que yo trabajaba con niños, no hubiese podido definirme como «de paso». Yo no lo sabía. Pocos pasantes saben que lo son, pocos líderes saben por cuánto tiempo los jóvenes estarán compartiendo su mismo grupo. Solo Dios tiene este conocimiento. A nosotros nos corresponde estar abiertos a ese obrar divino.

Tu equipo debe tener un cupo para pasantes. Un espacio para personas que sin tener confirmación de su llamado están en una etapa de búsqueda. Nuestro rol incluye ayudarlos en ese proceso de descubrimiento, brindarles todo lo que podamos para enriquecer su proceso de aprendizaje y celebrar cuando llegue el momento de la definición, sea ésta la decisión de quedarse o de moverse hacia otro destino de un proyecto diferente. Cuando podemos ayudar a otros en esta búsqueda y en esa definición, podemos estar felices por estar cumpliendo con parte de nuestra tarea.

Situación 3: La patología del integrante confundido

Algunos integrantes del grupo están enfermos. No es mi intención fomentar el uso de una etiqueta. Hay un sentido amplio para pensar en la enfermedad y es sobre ese sentido que deseo que reflexionemos juntos. En la vida, en la aventura del viaje, siempre somos propensos a contagiarnos de alguna peste. Por eso es vital que por empezar cuidemos de nuestra propia salud, y la mejor manera de hacerlo es cuidando nuestro corazón, porque como dice el proverbio, «...él es la fuente de la vida».

Pero lo cierto es que algunas personas descuidan su corazón y éste se enferma. Obviamente no me refiero, en esta instancia, a problemas cardiovasculares, sino a enfermedades que afectan el alma y la mente como la confusión, la poca valoración de uno mismo, la inseguridad, el egoísmo, la avaricia, la cobardía, la vanidad y otras pestes parecidas.

Algunas veces, personas de este tipo terminan viajando junto a nosotros. Se los suele reconocer por una clara manifestación de su confusión. Cuesta definirlos como compañeros, polizontes o espectadores. Por momentos quieren formar parte del equipo, en otras instancias se esconden a dormir y en otros momentos se pasan exigiendo. Un día están pidiendo que se les dé responsabilidades, quieren ser parte de las decisiones, desean participar de la descripción de la visión y la misión y se quejan de cualquier cosa sobre las que no se les consultó. En otro momento desaparecen: llegan tarde a la mayoría de las reuniones, si es que vienen, no dan aviso de en qué andan o dónde están. Hacen de su paradero un verdadero misterio.

Otros días se asemejan a pasajeros exigentes: hacen reclamos por falta de reconocimiento, atención o ausencia de cuidado pastoral, protestan porque no se sienten amados, llamados o cuidados. Como pasajeros de placer reclaman que el servicio no llega o se demora pero, obviamente, pocas veces muestran disposición para acciones de servicio que no tengan una retribución apropiada en dinero, en privilegios o en popularidad. Piden y exigen mucho, pero dan muy poco.

¡Atención! Lo primero que deberíamos hacer con esta descripción no es compararla con lo que otros hacen sino observar cuántos puntos de contacto tiene con nosotros mismos.

Entonces sí, luego de eso, podemos pensar qué hacemos con el resto de los integrantes.

Cuando ve una enfermedad, el corazón de un discípulo de Jesús cobija el deseo de trabajar por su cura, no el de incinerar convalecientes. En función de esto, lo que desarrollamos en capítulos anteriores se vuelve más que pertinente. El desafío del amor es ayudar a estos chicos a salir de su error, reconocer su enfermedad e iniciar un tratamiento para su curación. Esta sanidad no llegará nunca si esa persona no deja que Dios trate con ella. Este tratamiento requiere de fortalecer la relación con el Espíritu Santo, pero también de crecer en la relación con hermanos sanos que nos ayuden a reflexionar y a buscar de Jesús y, en lo personal, creo que en muchos casos no deberíamos descarta la ayuda de un profesional psicológico.

En el marco de estas patologías debe considerarse que algunos individuos poseen un sueño de destino que por momentos no suele ser muy claro, ya que es fruto de sus dolencias, pero por momentos resulta muy parecido a lo que sería una visión. No es extraño que muchas veces, en estas condiciones, surjan quienes deseen apoderarse del mando y disponer del liderazgo del camino. Objetan el rumbo que se está tomando y reclaman por cambios de dirección. Las propias limitaciones de un corazón poco saludable nos dejan escasos de recursos, sin las energías ni el valor necesario para embarcarnos en un proyecto de Dios que nos incluya. Cuando eso ocurre, tristemente, deambulamos entorpeciendo la misión de otro y, muchas veces, hasta intentando torcer la visión de quien tiene claro a qué lugar debe llegar.

Frente a esto, la reacción común de muchos líderes es ablandarse o endurecerse. Se ablandan cuando ceden su liderazgo, permitiendo que el proyecto cambie hacia un rumbo impreciso o a un destino diferente al que habían comprendido de parte de Dios. Temerosos de ser rechazados o boicoteados, regalan espacios que no deberían conceder, no por orgullo, sino por obediencia a Cristo. Se endurecen, cuando sus actitudes toman forma de rudeza o de patoterismo, y se termina en actitudes semejantes a las de marcar el territorio con reclamos de autoridad y exhibiciones de poder.

Con cualquiera de estas reacciones el que gana es el enemigo. Si nos enfrascamos en luchas de poder o en artimañas con el fin de sostenernos en nuestros puestos, habremos dejado que la enfermedad nos engañe, nos contagie y nos venza. Nuestra participación en el proyecto grande de Dios, tristemente, quedará en cuarentena.

La manera de salir de esta encrucijada es a través de una tercera opción. Debemos negarnos al proceso de ablandamiento o al de endurecimiento. Se hace la hora de recurrir a los recursos del Espíritu: poder, amor y dominio propio, para adquirir la valentía necesaria. «*Porque no nos ha dado Dios un espíritu de cobardía, sino de poder, de amor y de dominio propio*». *(2 Timoteo 1:7 RVC)*.

Es hora de elegir el protagonismo que influencia desde la firmeza y la serenidad, desde la verdad y el amor, y para eso requerimos del dominio propio que solo podemos cultivar en la relación con el Espíritu de Dios.

Permítanme referir otra vez al capítulo anterior, y en especial a lo expresado en relación al arte de confrontar. Es vital que recuerde que mi vocación debe ser ganar a mi hermano. No ganarle, sino ganarlo. En primera instancia, mi objetivo es trabajar por su sanidad, sabiendo que también tengo el desafío de resguardar la salud del resto del equipo. Es posible que en un primer momento el otro me proponga una batalla por el puesto, por la razón o por el liderazgo. Pero mi reto es salir de esa pulseada y mostrar que el poder del Espíritu reside en el amor. Debo mostrar que lo amo, que si me veo obligado a la corrección es por amor y no por orgullo, vanidad o egoísmo. Mostrarme sano es la mejor manera de promover la sanidad.

Es importante observar al Espíritu de Dios trabajando en nosotros, en la formación de nuestro carácter: en el líder, en la persona que propone la relación conflictiva y en el resto de los jóvenes. La acción inteligente se aparta de la lucha de poder y direcciona el diálogo y cualquier intervención hacia esa reflexión. ¿Cómo hará Dios mejores personas de cada uno de nosotros a través de esta situación? ¿En qué aspecto de nuestro carácter nos está invitando a trabajar? ¿Me ayudas a pensar cómo puedo mejorar? ¿Me permites ayudarte para que sigas creciendo? ¿Cómo podremos mejorar todos a partir de esto?

Déjenme decirles que cuando así actuamos, la mayoría de las veces no tenemos la necesidad de recurrir al uso de una expulsión. El sabio recapacita y el necio termina por irse solo cuando observa que no tiene espacio para el pleito o la división... y si llegáramos a tener que tomar la decisión de apartar a alguien de la tarea, aún con tristeza, tendremos la paz de haber actuado con integridad.

Acordemos el desacuerdo: Los conflictos relacionados con diferencias

Compartían la visión y la misión, no tenían diferencias visibles en la doctrina, los movilizaba la misma pasión, el mismo amor por Cristo y por las personas. Habían viajado juntos, enfrentado el dolor, habían disfrutado el obrar sobrenatural de Dios, presentado el evangelio a miles. Ambos habían sido enviados a las misiones el mismo día, en la misma congregación. El mismo Espíritu de Dios había ordenado que fueran apartados para el ministerio. Ambos estaban dispuestos a hacerle frente a lo que sea, aun cuando ese algo fuera el martirio. Sin embargo, hubo un detalle menor que resultó definitorio para que no pudieran seguir viajando juntos.

Durante algunos años, Pablo y Bernabé fueron dos contra el mundo. Fueron la dupla que trastornaba cada ciudad que pisaban con el mensaje y la experiencia del Evangelio. Si me lo preguntan, me cae como una patada en el hígado que se tuvieran que separar. No me gusta, pero así sucedió.

Yo no creo que ellos nos hayan dejado doctrina sobre cómo resolver conflictos parecidos, ni creo que sean un ejemplo sobre cómo se resuelve un conflicto. La virtud de ellos, si es que podemos llamarla así, tiene que ver con algunas cosas que podemos inferir sobre cómo obraron frente a algo que se parece mucho a la irresolución.

El nombre *Bernabé* podría traducirse como «hijo de consolación» y a éste parece que el nombre le quedaba como anillo al dedo. Como decía mi mamá, era un defensor de pobres y ausentes. Ahí estaba su corazón y la historia lo muestra reincidiendo. Ya lo había hecho con el mismo Pablo. Sacó la cara por él cuando los recuerdos del conocido Saulo no daban crédito al desconocido Pablo. Promovió su defensa y se encargó de acompañarlo para dar testimonio de su cambio radical. Se jugó por él delante de los demás. Ahora se jugaba por otro delante de él. Este se llamaba Marcos y los había abandonado en su primer viaje, por razones que se desconocen pero que al parecer no lo honran mucho. Pablo no estaba dispuesto a renovarle el crédito, Bernabé no iba a claudicar al significado de su propio nombre. Todo indica que este último decidió honrar la misma actitud que había tenido para con el viejo Saulo, ahora con el nuevo Marcos. Así que acordaron en el desacuerdo y se fueron cada uno cargando con la misma visión, la misma misión, la misma pasión, el mismo arrojo... pero cada uno hacia un punto geográfico diferente. Pablo con un tal Silas y Bernabé con Marcos.

Diferencias como estas pueden surgir y yo creo que debemos tratar de resolverlas. El ejemplo de Pablo y Bernabé no es para que cada cosa mínima justifique la separación. Pero aun así, por alguna razón propia de nuestra limitación humana, puede que no sepamos cómo resolverlo y entonces habrá que lidiar con la irresolución.

Entre otras cosas, podemos tener diferencias por puntos doctrinales, por métodos, por formas, por estilos, por el lugar donde misionar y, cómo en el caso de estos dos, porque no coincidimos en las personas que deseamos que formen parte del equipo, y yo creo que lo primero es intentar resolverlo. Pero si por alguna razón no lo resolvemos, entonces debemos tomar alguna medida que nos permita seguir en misión, y para mí aquí es donde Pablo y Bernabé nos dejan ejemplo. Me gustaría creer que estos dos paladines del Nuevo Testamento agotaron todas las instancias antes de decidir separarse pero al no lograrlo tomaron caminos diferentes, y por más que esto le caiga muy mal al idealista de Germán no debería tomarse como algo tan grave.

¿Que sí es grave? Bueno, si me permiten explayarme un poco, creo que esto se vuelve grave cuando en nombre de la misión, los principios y las convicciones terminamos enemistados, hablando pestes uno del otro u ocultando, vaya uno a saber por qué, los genuinos motivos del fin de la sociedad. Nada de esto parece ocurrir con Pablo y Bernabé.

He observado cómo gente se enemista por discutir sobre el método evangelístico a seguir. Olvidan que Jesús oró para que seamos uno para que el mundo crea y, en nombre de alcanzar a las personas para Cristo, atentan contra la mismísima misión pretendida. Es una locura.

Deduciendo algunas cosas de la experiencia de Pablo y Bernabé, creo que podemos extraer algunas pautas para lidiar con la imposibilidad de ponernos de acuerdo.

No se debería dramatizar la decisión de tomar caminos distintos.

Para que esto ocurra de verdad, el amor que nos profesamos no debería ser afectado. Mi compromiso para con el amor a mi hermano debería permanecer inalterable.

En función de esto, aun cuando este no es el caso de Pablo y Bernabé, creo que podemos inferir que, en una relación asimétrica, es decir donde uno está en autoridad sobre el otro, debería mostrarse respeto sobre la decisión de quien preside, pero quien está en autoridad debería dar libertad sin acusar de rebeldía a quien decide tomar otro camino frente a la irresolución. Ni tiranos, ni rebeldes... simplemente distintos.

Considerando esto, quedaría excluida de toda acción, toda forma de murmuración, de difamación o de palabras descalificadoras para con el otro. Todo lo contrario: siempre y bajo cualquier circunstancia mi llamado es a bendecir.

Debería darse a conocer, con absoluta sinceridad, la razón genuina que motiva la separación, reconociendo ambas partes, que no supieron cómo accionar para permanecer juntos. Esto debería darse a conocer a todo el mundo en una especie de comunicado conjunto. Nótese cómo funcionó esto en el caso de Pablo y Bernabé: tomó tal conocimiento público que hasta nos enteramos nosotros varios siglos después.

Déjenme insistir que, aunque en este caso no nos referimos a situaciones estrictamente ligadas con el pecado, Mateo 18 nos da buenas pistas para que entendamos la necesidad de incluir a otros en la resolución de nuestros conflictos. Una decisión de este tipo no debe tomarse sin exponer la diferencia ante otros buenos hermanos, que nos ayuden a salvar nuestras diferencias.

Dicho todo esto, cuando algún integrante del grupo presenta alguna diferencia irreconciliable, creo que deberíamos hacer pública esa diferencia, confesar nuestra imposibilidad para resolver la diferencia y darle libertad de acción para hacer su propio camino, bendiciéndolo y orando por él.

Tratar con el pecado: Los conflictos que surgen de una conducta pecaminosa

Un joven roba, es parte de una estafa, miente, engaña a su cónyuge, a su novia o a su novio, seguramente conoces historias como estas o parecidas. La tentación está a la vuelta de la esquina. Jesús, en el Padre Nuestro, nos enseñó a orar desde el reconocimiento de nuestra debilidad, rogando por no caer bajo esa seducción. Nadie puede arrojar la primera piedra, levantar el dedo acusador. Cada caída de otro debe ser un llamado de alerta, como cuando vemos tropezar a alguien y tenemos cuidado al pasar por ese mismo lugar.

Por momentos el pecado parece una trampa para ratones, cuyo señuelo, su queso delicioso y aromático, es la tentación. Algo o alguien resulta inmensamente atractivo, la satisfacción a nuestra necesidad parece estar a nuestro alcance, la vista que se enfoca donde no debe hacerlo, el brazo que se extiende, el gatillo que se presiona y ¡plac!, la trampa se cierra. Otra historia que se complica.

Sin embargo, la Biblia nos dice que el pecado y la tentación no son solo atracciones desde nuestro exterior. Las cartas de los Apóstoles desarrollan ampliamente la cuestión del pecado como un problema de nuestro interior. Santiago lo pone en claro:

«Al contrario, cada uno es tentado cuando se deja llevar y seducir por sus propios malos deseos. El fruto de estos malos deseos, una vez concebidos, es el pecado; y el fruto del pecado, una vez cometido, es la muerte». (Santiago 1:14-15 RVC).

No podemos echar la culpa afuera. Esos estímulos, atractivos y seductores que danzan a nuestro alrededor, no son los únicos actores de la película. Junto a ellos, en el elenco de estrellas tramposas, está todo lo que aportamos desde nuestro mismo interior: el deseo de poseer más, de sentirnos mejor, de encontrar seguridad, la sensación de la solución mágica al alcance de la mano, ese deseo poderoso de satisfacción egoísta, ese déficit en nuestro carácter. Es importante que nos hagamos cargo. Somos responsables del pecado y de sus consecuencias que siempre tienen olor a muerte. Necesitamos aceptar el constante trabajo del Espíritu de Dios ayudándonos en la construcción de la pureza, en la formación del carácter de Jesús en nuestras vidas, en la búsqueda de alinear todo nuestro ser al amor a Dios y a nuestros semejantes.

Creemos que el sacrificio de Jesús y su resurrección ya operaron milagrosamente en nuestro ser al consagrarnos a ese nuevo nacimiento del que Jesús habló con Nicodemo en Juan, capítulo 3. Sobre esto, así nos va a enseñar el Apóstol Pablo:

«Sabemos que nuestra vieja naturaleza pecaminosa fue clavada en la cruz junto con Cristo; de esta manera, ya no está bajo el dominio del pecado, ni tiene que someterse a la esclavitud del pecado, porque al morir quedamos libres de su dominio. Y por cuanto nuestra naturaleza pecadora murió con Cristo, creemos que también compartiremos su nueva vida. (Romanos 6:6-8).

Nuestro desafío ahora es sintonizar con esta verdad, depositando nuestra fe en la obra de Jesús en la cruz, alineando nuestra vida, cada día, con el Espíritu de Dios. Pablo nos da una consigna que creo que es más que interesante para que la implementemos en este sentido:

«No dejen que el pecado domine su cuerpo mortal; no lo obedezcan siguiendo sus malos deseos. No entreguen ninguna parte de su cuerpo al pecado para que se convierta en

instrumento del mal. Más bien, entréguense por completo a Dios, como quienes ya han muerto y han vuelto a vivir. Y preséntenle sus miembros como instrumentos para la justicia». (Romanos 6:12-13).

El reto parece ser renovar, cada día, nuestro compromiso con lo que es justo, para seguir creciendo en la coherencia entre la libertad que Jesús nos brindó y la que vivimos en realidad. La pregunta parece ser: ¿qué ajustes debo hacer en mi vida, con el auxilio del Espíritu de Dios, para que la realidad de Jesús, haciéndome libre del poder del pecado, se refleje en mi vida cotidiana?

¿Por qué invierto estás líneas en hacer teología del pecado? Bueno, porque creo que es importante obtener la mayor comprensión sobre cómo proceder frente a dos situaciones posibles: el pecado de otros o... nuestro propio pecado. Esta es una realidad en la naturaleza humana que no necesita condenación. Requiere de una transformación sobrenatural en lo más profundo de nuestro ser. Transformación que es imposible que se dé sin la intervención directa del Espíritu de Dios. Pero entonces, ¿cuál es nuestra responsabilidad? ¿Que nos toca a nosotros? Bueno, creo que en lo que se refiere a nuestro propio pecado, ya Pablo nos ha dado una pista importantísima. Abrirnos al obrar del Espíritu Santo, buscando cada día entregar nuestras vidas al servicio de la justicia. ¿Y en cuanto al pecado de los otros? De algo estoy seguro, el camino no es el juicio y mucho menos la condenación:

«Por eso no tienes excusa alguna cuando juzgas a otros, pues cuando lo haces, te condenas a ti mismo, ya que cometes los mismos actos que ellos». (Romanos 2:1).

¡Clarísimo! ¿No? Miren cómo lo ve Jesús:

«Los fariseos y los maestros de la ley que pertenecían a su mismo grupo, se molestaron con los discípulos de Jesús y les

dijeron: ¿Por qué comen y beben ustedes con recaudadores de impuestos y con pecadores? Jesús les contestó:

—Los que están sanos no necesitan médico, sino los enfermos. Yo no he venido a llamar a los justos para que se arrepientan, sino a los pecadores. (Lucas 5:30-32).

Jesús apela a una metáfora con la que ya hemos jugado en este libro. Buscamos traer sanidad, no condenación. Por eso la iglesia denuncia el pecado, pero ama al pecador... o así debería ser. Nunca justifica el pecado pero, como lo hace el Maestro, regala miradas de compasión a la multitud, porque la reconoce navegando en la confusión.

«Jesús recorría las ciudades y los pueblos de la región enseñando en las sinagogas, predicando las buenas nuevas del reino y sanando a la gente de sus enfermedades y dolencias. Al ver a las multitudes, sintió compasión de ellas, porque eran como ovejas desamparadas y dispersas que no tienen pastor.

'¡Es tan grande la mies y hay tan pocos obreros!' *—les dijo a los discípulos—. 'Pidan que el Señor de la mies consiga más obreros para sus campos'».* (Mateo 9:35-38).

Jesús no condena. Se compadece, enseña y llama al arrepentimiento. Invita constantemente a un cambio de dirección hacia un rumbo mejor. En esta misión, Cristo nos invita a participar. Esa es tu misión y la mía. La pregunta del millón es: ¿cómo se hace esto?

A lo largo de la historia, para disciplinar al pecador algunas personas o iglesias han recurrido a la exposición pública vergonzosa, a la expulsión o al destierro, al abandono y hasta al castigo físico. Creo que queda claro que el camino propuesto por Jesús no tiene nada que ver con eso.

COMPASIÓN, APRENDIZAJE, RESTAURACIÓN

La mejor propuesta por la que podemos optar, siempre será seguir el ejemplo de Cristo, y éste parece estar alineado a la compasión, la enseñanza y en un proceso de restauración que hace base en el arrepentimiento.

Cuando una persona cae en la trampa del pecado, nuestra primera reacción debería ser la de la compasión, ya que ha probado un cóctel venenoso que combina explosivamente su historia, las circunstancias que lo rodean, sus desajustes internos, alguna seducción externa y su decisión equivocada que concluyó en una conducta abrazada al pecado. Él es el primero que pierde, requiere de mi compasión, y esa compasión es la que debe movilizarnos a la enseñanza. Es la hora de trabajar comprometidamente en un proceso de aprendizaje que seguramente implicará un crecimiento para todos, pero quien cayó debe concentrarse especialmente en las preguntas correctas: ¿qué me sucedió? ¿Qué descuidé? ¿Qué herida producida en mi historia facilitó mi caída? ¿Qué debo entregar a Dios que aún no lo hice? ¿Qué debilidad de mi carácter deja expuesta esta situación?

Estas son preguntas que, si él o ella no se hace, es nuestra responsabilidad animarlo o animarla a que se las haga; requieren de un proceso y ese proceso necesita de nuestro acompañamiento comprometido. A nosotros nos tocará preguntarnos: ¿quién es la mejor persona para que realice este acompañamiento? ¿Cuál será la mejor rutina o estrategia para llevarlo a cabo? ¿Requiere de ayuda profesional?

Si hemos ocupado lugares de liderazgo sobre la persona que cae, es importante no trabajar esto en soledad. Necesitamos buscar ayuda porque, lo percibamos o no, es muy probable que nosotros también hayamos sido heridos. También habrá preguntas que requerirán de respuestas en nuestra búsqueda con Dios: ¿qué me toca aprender a mí en medio de esta circunstancia? ¿Ya había observado esa debilidad de carácter que fue parte del cóctel del pecado? ¿Hice algo para alertar a mi hermano o hermana? ¿Debo arrepentirme yo de algo? ¿Cómo va a hacer Dios para que todos crezcamos a partir de esta situación? ¿En qué aspectos deseará Él que crezcamos? ¿Cómo me asocio a lo que Cristo quiere hacer a partir de este hecho?

ARREPENTIMIENTO ES UN GENUINO CAMBIO DE RUMBO

Lo dicho hasta ahora deja en relieve algo muy importante: será muy difícil encarar este proceso si alguna de las partes intervinientes no está abierta al aprendizaje con un espíritu humilde y enseñable. Esto es para cada tripulante del barco, pero especialmente para quien ha experimentado la caída. Abordar este tipo de procesos llenos de supuestas certezas y desprovistos de buenas y humildes preguntas, solo presagia destinos ruinosos. En este sentido, en la base de esta actitud, si deseamos sentar cimientos sólidos para la reconstrucción, es vital comprender el significado del arrepentimiento y llevarlo a la práctica. Será importantísimo comprenderlo no tan solo como un evento aislado, sino como la actitud necesaria en el proceso de restauración. Arrepentirse no es pedir disculpas. Es una actitud que Dios reconoce de manera instantánea pero que los humanos necesitamos de tiempo para poder comprobar.

Arrepentimiento es un genuino cambio de rumbo que los humanos estamos imposibilitados de comprobar si no vemos a la persona en cuestión mantenerse fiel en esa determinación a lo largo de un periodo de tiempo. Por eso quien cae, no puede pretender o esperar una recomposición exprés en las relaciones que se vieron afectadas por su pecado. Esta es una razón más que importante para comprender cómo juega el factor tiempo en el proceso de restauración, pero existe al menos un motivo más.

La Biblia revela que el perdón y la limpieza llegan de la mano de la confesión, sin más trámites: *«Pero si confesamos a Dios nuestros pecados, él, que es fiel y justo, nos perdonará* y nos limpiará de toda maldad». (1 Juan 1:9).

Quienes resultan heridos o salpicados por el pecado de otros, tienen el desafío de ajustar sus vidas y su accionar a la fidelidad y la justicia de Dios. Debemos perdonar como Él perdona. No se llega a la sanidad y al crecimiento si no se recorre el camino del perdón.

Esto deja de manifiesto el inmenso error que cometemos cuando entendemos los procesos de restauración como castigos que compensan la falta que se cometió. El perdón llega de parte de Dios de manera automática y nosotros deberíamos cultivar una actitud de aproximación a esa forma de accionar de Dios. Este tiempo no es para castigar el pecado, sino para considerar y trabajar en ese déficit de carácter que fue pieza clave para que la caída se convirtiera en un hecho. Hay algo que muchas veces no observamos: ese déficit de carácter siempre fue un problema, siempre representó una amenaza. Nosotros no lo percibíamos... y si lo hacíamos, nunca le dimos la debida importancia.

El foco de la restauración no debe estar en el pecado, sino en ese problema de carácter que era un bidón de combustible esperando la primera chispa que lo convirtiera en llamas hirientes. Y no hay otra opción: trabajar en esto requiere del exigente factor *tiempo*, el cual, si lo aprovechamos bien, nos ayudará a comprender mejor las condiciones internas que requieren ser puestas bajo la luz de Dios y expuestas ante el poder transformador de su Espíritu.

MIS PASOS A SEGUIR

LLEGAR A LA META

CONCLUSIÓN

El trabajo en equipo no es una opción. La Biblia nos regala múltiples conceptos, principios, valores y figuras que revelan que el congeniar con otros para alcanzar logros en la misión, es voluntad de Dios. Aquellos que huyen del trabajo en equipo se condenan a la pobreza, se resignan a logros insostenibles, se confinan a una indeseable soledad.

Emprender el camino en solitario puede ser un muy excelente ejercicio físico, pero no te permitirá viajar muy lejos. No lograrás terminar la maratónica carrera que equivale a los grandes desafíos de Dios, en soledad. Sencillamente es casi imposible.

CUIDADO CON LA TENTACIÓN

La tentación entonces será conseguirte un hermoso ejército de autómatas que hagan tu santísima voluntad. Muchos no lo revelan pero, en secreto, sueñan con un ejército de *sicapitanistas* que jamás discutan ninguna de sus decisiones. Quisiéramos dejarte en claro que, aunque quisiéramos, este libro no puede darte herramientas para alcanzar semejante objetivo descabellado. Ninguna de las herramientas, ideas, estrategias, conceptos que te hemos brindado, podría tener algún propósito similar.

AQUELLOS QUE HUYEN DEL TRABAJO EN EQUIPO SE CONDENAN

Deseamos que puedas batallar con tu propio ego y puedas ver a tu Señor amoroso tratando contigo. Él desea desarrollar el carácter de Cristo en tu interior, y sabe que en la experiencia de rozarte con otros, tiene las mejores posibilidades para entrenarte en el amor al prójimo y en la adoración a su Nombre. No solo lo hace por estar empecinado en su deseo de sacarte bueno, o caprichoso por convertirte en una herramienta afilada, sino que lo hace porque en su inmensa sabiduría, en su entrañable amor y en su maravilloso diseño, ese es el camino más excelente para librarte del saqueo, la muerte y la destrucción y llevarte a las alturas de la vida en abundancia (Juan 10:10).

Trabajar en equipo es un ejercicio excelente para tonificar los músculos de tu espiritualidad, una dieta infalible para nutrir tus pensamientos, una experiencia privilegiada para calibrar tus emociones, una escuela de altos estudios para sintonizar con la voluntad del Padre.

Al dirigir un equipo no te compras un ejército de clones manipulados genéticamente para obedecer a tus designios. En una carrera de auténtica espiritualidad, el trabajo en equipo resulta un hermoso pretexto para afianzar el discipulado, para aprender del Maestro durante la travesía, para recopilar experiencias, para sumar conocimientos y para adquirir nuevas miradas que provienen del universo del otro.

EL DISENSO

Al trabajar en equipo, tendrás que enfrentarte a la realidad del disenso. Los egos sin domesticar son bestias salvajes que se irritan frente al disenso. Deja que Dios trate contigo y con los integrantes de tu equipo. Que alguien opine distinto puede ser una oportunidad única para que tu propuesta se perfeccione, para descubrir una alternativa superadora, para que el equipo se vea obligado a buscar la voluntad de Dios.

AL DIRIGIR UN EQUIPO NO TE COMPRAS UN EJÉRCITO DE CLONES

Un equipo maduro busca que el disenso emerja de la manera más visible, lo más pronto posible. No lo hacen por una vocación masoquista, sino porque saben que cuanto antes lo aborden más rápidamente podrán elaborarlo, procesarlo y saltar a una propuesta superior que mejore las condiciones para llegar a los objetivos propuestos. Los buenos líderes promueven, constantemente, que los disensos sean explicitados con libertad, preguntando permanentemente sobre la opinión de todos.

Los disensos no abordados pueden generar permanente insatisfacción, conscientes o inconscientes sabotajes, deserciones indeseables, enemistades absurdas. Cada una de estas cosas provocan pérdidas invaluables de energía útil para la misión.

Algunos, persiguiendo la excelencia, paradójicamente, dejan expuesto lo poco excelente que es su carácter. El disenso suele ser un detonador que deja a la vista este déficit más que importante. Los buenos líderes no huyen frente al disenso. No lo niegan, no permiten que los ponga nervioso. Lo aprovechan, lo dejan fluir, lo encausan apropiadamente como herramienta pedagógica o como marcador del algún detalle aún no considerado y, amando a Dios, saben incorporarlo a la larga lista de todos esos recursos que el Creador logra que sirvan para bien (Romanos 8:28).

Los disensos hablados y elaborados son tierra fértil para conciliar mejores ideas, concebir nuevas estrategias, enriquecer la caja de herramientas, perfeccionar el carácter de los discípulos y afinar la sensibilidad hacia la guía del Espíritu de Dios.

Amígate con el disenso, aprende a dominar la tensión que pueda provocar, estimula a tu equipo a compartir su opinión con generosidad y a tratar las diferencias con respeto y humildad. Si ellos disponen de un espíritu enseñable, el disenso será un recurso maravilloso para crecer en el aprendizaje y encarar la misión con bríos renovados. Niégate al disenso y desaprovecharás una gran oportunidad de crecimiento.

GOLPE BAJO AL DESEO MEZQUINO

El disenso duele porque golpea en el deseo mezquino de que las cosas sean siempre como tú quieres. Es vital que, como lo desarrollamos en este material, obtengas una visión de parte de Dios, porque es eso, y no otra cosa, lo que debe servir de norte a tu ministerio. No el deseo de que todo salga como tú quieres. No te confundas. Si Dios te da una visión, tráela siempre a la mesa de trabajo, pero permite que el disenso exponga positivamente la diversidad y las variables que cada integrante puede aportar.

Al final, las cosas pueden no salir como pretendías, pero si cultivas y ayudas a cultivar una sabia búsqueda de Dios, entonces la buena noticia es que saldrán aún mejor de lo que estaban en tus planes primitivos. Las personas sabias que se disponen a trabajar en equipo, saben que deben aprender a aceptar que las cosas no siempre saldrán como ellas quieren. Casualmente, esa es la misma actitud que está presente en los que buscan la voluntad de Dios.

Busca y promueve la búsqueda de la guía de Dios siempre que el disenso parezca irreconciliable; antes de la imposición o la fractura, profundiza esa búsqueda aún con mayor humildad, clamando por un nuevo y renovado entendimiento que te lleve junto al equipo del que formas parte, a un nuevo y superior nivel (Efesios 1:18, Jeremías 33:3).

Dios te involucra en la aventura más maravillosa. El formar parte de un equipo es, en gran medida, el ejercicio extraordinario de propiciar un ámbito donde el Espíritu Santo se mueva, su voz se oiga, su poder se manifieste, su amor se derrame y sus hijos se conviertan en discípulos relevantes para ese momento histórico y para ese lugar específico en el que les toque desempeñarse. Así que prepárate para la travesía más importante de tu vida:

¡Persevera!

> DE ESTA MANERA SIGO ADELANTE HACIA LA META, PARA GANAR EL PREMIO QUE DIOS OFRECE POR MEDIO DE SU LLAMADO CELESTIAL EN CRISTO JESÚS.
> —FILIPENSES 3.14

MIS PASOS A SEGUIR

MIS PASOS A SEGUIR

MIS PASOS A SEGUIR

BIBLIOGRAFÍA

Ed Catmull. *Creatividad S.A.: Cómo llevar la inspiración al infinito y más allá*. Conecta. Buenos Aires, Argentina. 2015

Silvia Di Segni de Obiols y Guillermo A. Obiols. *Adolescencia, posmodernidad y escuela secundaria*. Kapeluz. Buenos Aires, Argentina. 1993

Doug Fields. ¡Ayúdenme! ¡Soy líder de jóvenes! Editorial Vida. Miami, FL. 2002

Dante Gebel y Lucas Leys. *Asuntos Internos*. Editorial Vida. Miami, FL. 2011

Eddie Gibbs. *Liderar en una cultura de cambios.* Editorial Peniel. Buenos Aires, Argentina. 2007

Reggie Joiner y Lucas Leys. *Los padres que tus hijos necesitan*. e625. Dallas, TX. 2017

Lucas Leys. *Adolescentes: Cómo trabajar con ellos sin morir en el intento*. Certeza Argentina. Buenos Aires, Argentina. 2002

Lucas Leys. *El ministerio juvenil efectivo*. Editorial Vida. Miami, FL. 2003

Lucas Leys. *Liderazgo generacional.* e625. Dallas, TX. 2017

Max Lucado. *Como Jesús.* Editorial Betania. Nashville, TN – Miami, FL. 1999

Colin Marshall y Tony Payne. *El enrejado y la vid.* Torrentes de Vida. Buenos Aires, Argentina. 2009

John C. Maxwell. *Las 21 cualidades indispensables de un líder*. Grupo Nelson. Nashville, TN. 2007

Myles Munroe. *El espíritu de liderazgo*. Whitaker House. New Kensington, PA. 2005

Andrés Oppenheimer. *Crear o morir*. Penguin Random House Grupo Editorial S.A. Buenos Aires, Argentina. 2016

Germán Ortiz. Los *7 secretos que todo líder de preadolescentes debe saber*. e625. Dallas, TX. 2017

Germán Ortiz. *Vamos por más*. Certeza Argentina. Buenos Aires, Argentina. 2008.

Cornelius Plantinga Jr. *El pecado, sinopsis teológica y psicosocial*. Libros Desafío. Grand Rapids. MI. 2001

Mike Yaconelli. *Los fundamentos del ministerio juvenil sano*. Editorial Vida. Miami, FL. 2007

ALGUNAS PREGUNTAS QUE DEBES RESPONDER:

¿QUIÉN ESTÁ DETRÁS DE ESTE LIBRO?

Especialidades 625 es un equipo de pastores y siervos de distintos países, distintas denominaciones, distintos tamaños y estilos de iglesia que amamos a Cristo y a las nuevas generaciones.

e625.com

¿DE QUÉ SE TRATA E625.COM?

Nuestra pasión es ayudar a las familias y a las iglesias en Iberoamérica a encontrar buenos materiales y recursos para el discipulado de las nuevas generaciones y por eso nuestra página web sirve a padres, pastores, maestros y líderes en general los 365 días del año a través de **www.e625.com** con recursos gratis.

zona de contenido PREMIUM

¿QUÉ ES EL SERVICIO PREMIUM?

Además de reflexiones y materiales cortos gratis, tenemos un servicio de lecciones, series, investigaciones, libros online y recursos audiovisuales para facilitar tu tarea. Tu iglesia puede acceder con una suscripción mensual a este servicio por congregación que les permite a todos los líderes de una iglesia local, descargar materiales para compartir en equipo y hacer las copias necesarias que encuentren pertinentes para las distintas actividades de la congregación o sus familias.

¿PUEDO EQUIPARME CON USTEDES?

Sería un privilegio ayudarte y con ese objetivo existen nuestros eventos y nuestras posibilidades de educación formal. Visita **www.e625.com/Eventos** para enterarte de nuestros seminarios y convocatorias e ingresa a **www.institutoE625.com** para conocer los cursos online que ofrece el Instituto E 6.25

¿QUIERES ACTUALIZACIÓN CONTINUA?

Regístrate ya mismo a los updates de **e625.com** según sea tu arena de trabajo: Niños- Preadolescentes- Adolescentes- Jóvenes.

¡APRENDAMOS JUNTOS!

e625.com

/e625COM

INSTITUTO
e6
25
CAPACITACIÓN MINISTERIAL
ONLINE DE PRIMER NIVEL
CAPACITACIÓN CONTINUA DE PRIMER
NIVEL EN CUALQUIER LUGAR Y HORARIO.
CONOCE TU CAMPUS ONLINE
www.institutoE625.com

e625.com
Sé parte de la mayor
COMunidad de
educadores cristianos
Sigue en todas tus redes a
/e625COM